ディズニー暗記カード

SOCIAL STUDIES

中学社会科用語

Gakken

CONTENTS もくじ

地理

**用語チェックシート
ダウンロードについて**

この本で勉強した用語が身についているかどうかを確認できる、チェックシートがダウンロードできます。ダウンロードはこちらのURLと二次元コードから。

https://gakken-ep.jp/extra/disneycard_social_download/

歴史

公民

この本の特長と使い方

コンパクトだから持ち歩ける！

ポケットに入る超コンパクトサイズで，トイレ，電車，学校など，どこでも持ち歩いてすき間時間に勉強できる。

勉強しやすい一問一答式

一問一答式だからクイズ感覚でサクサクできる。テスト範囲のカードを切り取って，重要ポイントを確認しよう。テスト直前なら，最重要カードだけをピックアップするのも○。

分野・単元・重要度が一目でわかる！

カード１枚１枚に分野・単元・重要度が表示されているから必要なカードを切り取って，自分だけのオリジナル暗記帳をつくれる。

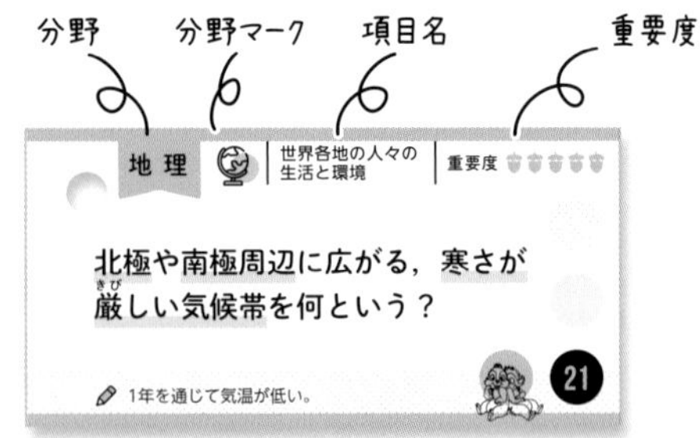

カードの上手な切り方

たてのミシン目にそってしっかり折る

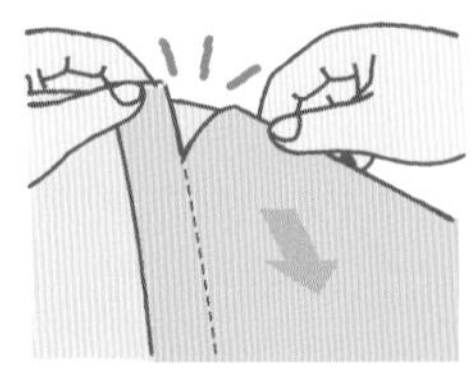

折り目の端をつまんで少しだけ切る

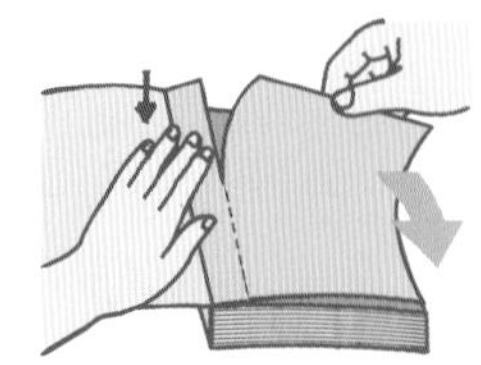

ミシン目の内側を押さえながら，少し丸めるようにして，切りとる

SOCIAL STUDIES
中学社会科用語

CHIP SOCIAL STUDIES

表紙カードの使い方

余白の部分に「期末テスト」や「苦手用語」など暗記帳のタイトルを書こう！

ココ！
期末テスト

©2021 Disney
©2021 Disney
©2021 Disney
©2021 Disney
©2021 Disney
©2021 Disney
©2021 Disney
©2021 Disney
©2021 Disney
©2021 Disney

地理 世界の姿 重要度

三大洋のうち，ユーラシア大陸，北アメリカ大陸，南アメリカ大陸，オーストラリア大陸に囲まれている海洋を何という？

1

地理 世界の姿 重要度

面積が最も大きい大陸を何という？

2

地理 世界の姿 重要度

ユーラシア大陸の東側を占める州を何という？

✎ 日本や中国，インドが属する州。

3

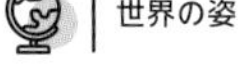

地理 世界の姿 重要度

ユーラシア大陸の西側を占める州を何という？

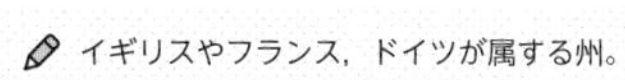

✎ イギリスやフランス，ドイツが属する州。

4

地理 世界の姿 重要度

国と国との境界を何という？

5

地理 世界の姿 重要度

国土の周りを海に囲まれた国を何という？

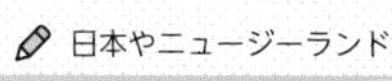

✎ 日本やニュージーランドなど。

6

地理 世界の姿 重要度

国土が海に面していない国を何という？

✎ モンゴルやネパール，マリなど。

7

地理 世界の姿 重要度

地球上の南北の位置を示す数値を何という？

✎ 赤道が0度，北極点と南極点は90度。

8

地理 世界の姿 重要度

地球上の東西の位置を示す数値を何という？

✎ 本初子午線が0度，東西を180度ずつに分ける。

9

地理 世界の姿 重要度

緯度の基準となる緯度０度の地点を結んだ線を何という？

10

地理　世界の姿

島国(海洋国)

▶ 日本，フィリピン，キューバ，ニュージーランドなどがある。

ほかにも
スリランカ
など
マダガスカル

地理　　世界の姿

内陸国

▶ 周りはすべてほかの国と陸続き。

▶ ヨーロッパ州には，小さな内陸国が多い。

ほかにもスイスや
ボリビアなど
モンゴル
中国

地理　　世界の姿

緯度

▶ 赤道より北を北緯，南を南緯という。

▶ 南北を90度ずつに分ける。

▶ 同じ緯度を結んだ線が緯線。

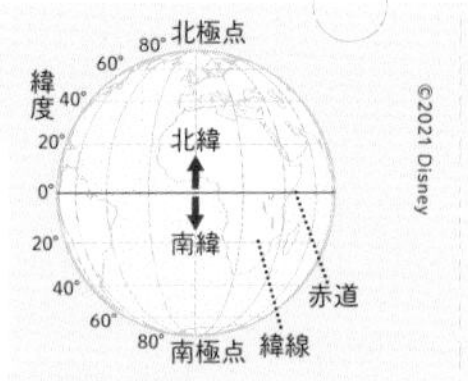

地理　　世界の姿

経度

▶ 本初子午線より東を東経，西を西経という。

▶ 東西を180度ずつに分ける。

▶ 同じ経度を結んだ線が経線。

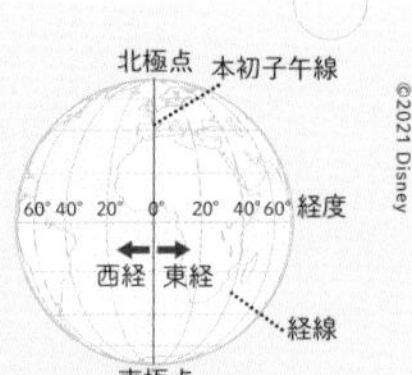

地理　　世界の姿

赤道

▶ 赤道より北側が北半球，南側が南半球。

▶ 北極点と南極点を結んだ線の中間に引かれている。

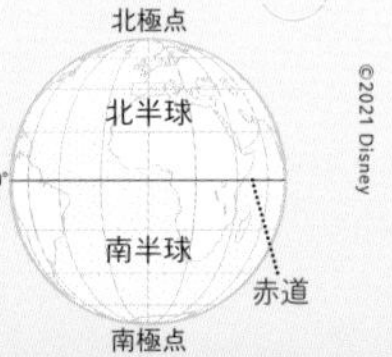

地理　世界の姿

太平洋

▶ 広い順に太平洋，大西洋，インド洋。

▶ これらの海洋をまとめて三大洋という。

地理　世界の姿

ユーラシア大陸

▶ ユーラシア大陸には，面積が世界最大のロシアがある。

▶ 右図が六大陸。

ユーラシア大陸
北アメリカ大陸
アフリカ大陸
南アメリカ大陸
オーストラリア大陸
南極大陸

地理　世界の姿

アジア州

▶ ほかに，ヨーロッパ州，アフリカ州，北アメリカ州，南アメリカ州，オセアニア州がある。

▶ 右図はアジア州の細かい区分。

地理　世界の姿

ヨーロッパ州

▶ 面積が世界最小のバチカン市国がある。

地理　世界の姿

国境

▶ 山脈や河川，緯線や経線などを利用したものがある。

▶ アフリカ州には直線的な国境線が多い。

地 理 | 世界の姿 | 重要度

経度の基準となる，経度0度の地点を結んだ線を何という？

ロンドンの旧グリニッジ天文台を通る。

11

地 理 | 日本の姿 | 重要度

国や地域が基準として定めている時刻を何という？

日本は東経135度の経線上の時刻。

12

地 理 | 日本の姿 | 重要度

世界各地の日付を調整するための線を何という？

ほぼ180度の経線にそって設けられている。

13

地 理 | 日本の姿 | 重要度

地球上の2地点間の標準時の差を何という？

14

地 理 | 日本の姿 | 重要度

日本の北の端に位置する島を何という？

北方領土の一つ。

15

地 理 | 日本の姿 | 重要度

日本の南の端に位置する島を何という？

南鳥島とまちがえないように注意。

16

地 理 | 日本の姿 | 重要度

領海の外側に広がる，沿岸国が水産・鉱産資源を利用する権利をもつ水域を何という？

海岸線から200海里以内の範囲の水域。

17

地 理 | 日本の姿 | 重要度

日本固有の領土で，現在ロシア連邦に占拠されている島々を何という？

北海道に属する。

18

地 理 | 日本の姿 | 重要度

島根県に属する日本固有の領土だが，現在韓国に不法に占拠されている島を何という？

19

地 理 | 日本の姿 | 重要度

都道府県の政治を行う役所が置かれている都市を何という？

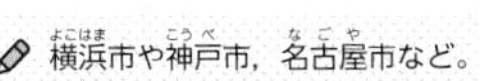

横浜市や神戸市，名古屋市など。

20

地理　日本の姿

沖ノ鳥島

- 水没すると日本の排他的経済水域が失われるため，護岸工事が行われた。
- 東京都に属する。
- 東端は南鳥島，西端は与那国島。

（毎日新聞社／アフロ）

地理　世界の姿

本初子午線

- イギリスの首都ロンドンにある旧グリニッジ天文台を通る。
- 東側が東経，西側が西経。
- 世界の標準時の基準となる。

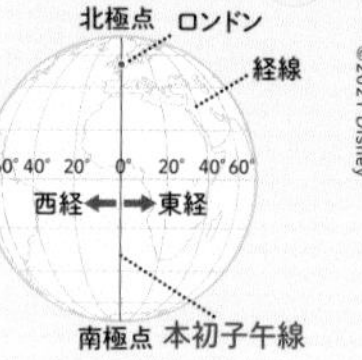

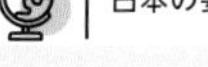
地理　日本の姿

排他的経済水域

- 日本は島国（海洋国）で離島が多いため，領海を含む排他的経済水域の面積は国土面積の10倍以上。

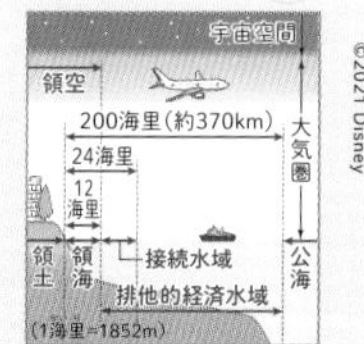

地理　日本の姿

標準時

- 日本は兵庫県明石市を通る東経135度の経線上の時刻が標準時。

地理　日本の姿

北方領土

- 第二次世界大戦後にソ連が占領。ソ連崩壊後はロシアが占拠。

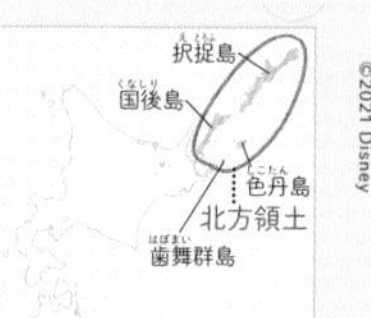

地理　日本の姿

日付変更線

- 東から西に越えるときは1日進め，西から東に越えるときは1日おくらせる。

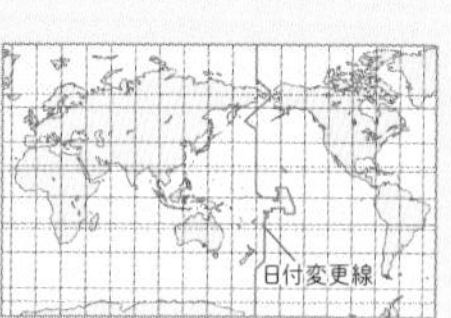

地理　日本の姿

竹島

- 日本は国際司法裁判所での解決を提案しているが，韓国はそれを拒否。
- 尖閣諸島は中国や台湾が領有権を主張。

地理　日本の姿

時差

- 地球は1日（24時間）で1回転（360度）するので，経度15度で1時間の時差（360÷24＝15）が生じる。
- 時差は経度差÷15で求められる。

地理　日本の姿

都道府県庁所在地

- 都道府県の政治を行う役所を都道府県庁という。
- 都道府県名と同じ場合もあるが，異なる場合もある。

地理　日本の姿

択捉島

- 択捉島，国後島，色丹島，歯舞群島を合わせて北方領土という。
- 現在ロシアに占拠されている。

地理 世界各地の人々の生活と環境 重要度

北極や南極周辺に広がる，寒さが厳(きび)しい気候帯を何という？

21

1年を通じて気温が低い。

地理 世界各地の人々の生活と環境 重要度

北半球の高緯度(いど)地域に広がる冬の寒さが厳(きび)しい気候帯を何という？

22

夏と冬の気温差が大きい。

地理 世界各地の人々の生活と環境 重要度

中緯度(いど)地域に広がる，四季のある温暖な気候帯を何という？

23

日本の大部分が属する。

地理  世界各地の人々の生活と環境 重要度

中緯度(いど)地域や内陸に広がる，降水量が非常に少ない気候帯を何という？

24

砂漠(さばく)やステップがみられる。

地理  世界各地の人々の生活と環境 重要度

赤道(せきどう)周辺に広がる，一年を通じて気温が高い気候帯を何という？

25

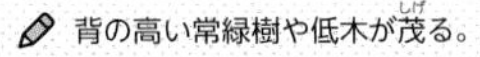

背の高い常緑樹や低木が茂(しげ)る。

地理 世界各地の人々の生活と環境 重要度

温帯のうち，地中海(ちちゅうかい)沿岸にみられる，夏は乾燥(かんそう)し，冬にやや雨が多く降る気候を何という？

26

地理 世界各地の人々の生活と環境 重要度

カナダの北極圏(ほっきょくけん)に暮らす先住民を何という？

27

かつては狩(か)り中心の生活をおくっていた。

地理 世界各地の人々の生活と環境 重要度

砂漠(さばく)の中でわき水が得られるところを何という？

28

地理 世界各地の人々の生活と環境 重要度

水や草を求め，広い地域を移動しながら家畜(かちく)を飼育することを何という？

29

地理 世界各地の人々の生活と環境 重要度

熱帯に育つ背の高い常緑樹の森林を何という？

30

アマゾン川流域など赤道(せきどう)周辺に広がる。

地 理　世界各地の人々の生活と環境

地中海性気候(ちちゅうかいせいきこう)

▶ 夏に乾燥(かんそう), 冬にやや降水量が多い。
▶ 石造りの白壁(しらかべ)の住居が見られる。
▶ ぶどうやオリーブなどを栽培(さいばい)する地中海式農業が行われる。

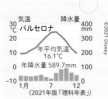

気温　降水量
30 °C　バルセロナ　400 mm
20　300
10　年平均気温 16.1°C　200
0　年降水量 589.7mm　100
−10　0
1月　7　12
(2021年版「理科年表」)

地 理　世界各地の人々の生活と環境

寒帯

▶ 1年中氷や雪に覆(おお)われる氷雪(ひょうせつ)気候と，夏に地表の氷がとけるツンドラ気候。

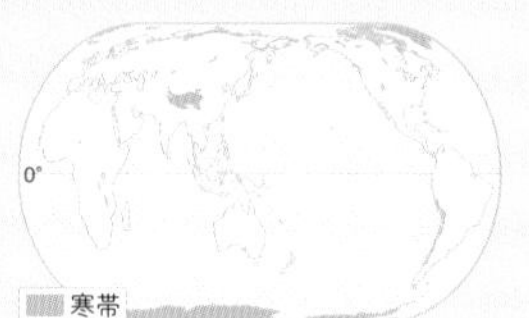

地 理　世界各地の人々の生活と環境

イヌイット

▶ 冬はイグルーと呼ばれるドーム型の家に住み，あざらしなどを狩る。
▶ 現在は定住化し，近代的な生活をおくる人が多い。

(AGEFOTOSTOCK/アフロ)

地 理　世界各地の人々の生活と環境

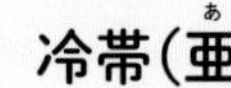

冷帯(亜(あ)寒帯)

▶ タイガ(針葉樹林)が広がる。ロシアのシベリアやカナダなどに分布。

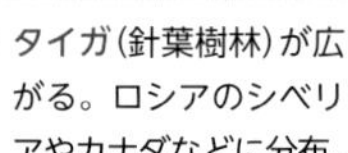

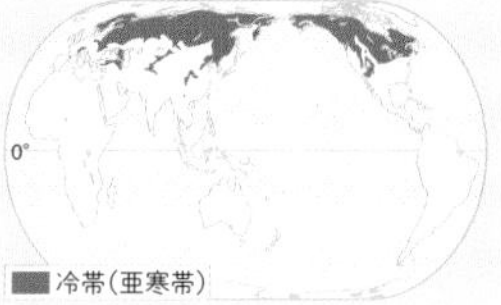

地 理　世界各地の人々の生活と環境

オアシス

▶ 砂漠(さばく)の中で水がわく場所。
▶ 小規模なオアシス農業で，小麦やなつめやしなどを栽培(さいばい)。

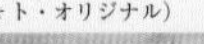
(フォト・オリジナル)

地 理　世界各地の人々の生活と環境

温帯

▶ 温暖湿潤(おんだんしつじゅん)気候，西岸海(せいがんかい)洋性(ようせい)気候，地中海性(ちちゅうかいせい)気候に分かれる。

地 理　世界各地の人々の生活と環境

遊牧(ゆうぼく)

▶ 西アジア，北アフリカ，中央アジアの乾燥(かんそう)帯にみられる。
▶ 牛，羊，やぎ，馬などを飼育(しいく)。

(フォト・オリジナル)

地 理　世界各地の人々の生活と環境

乾燥帯(かんそうたい)

▶ ほとんど降水量がない砂漠(さばく)気候と，やや降水量があるステップ気候。

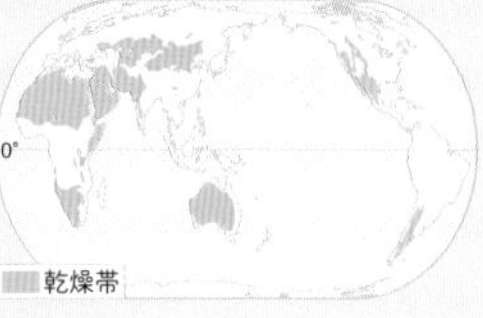

地 理　世界各地の人々の生活と環境

熱帯雨林(熱帯林)

▶ 野生生物が多く生息。
▶ 農地開発や道路建設などで伐採(ばっさい)が進み，問題となっている。

地 理　世界各地の人々の生活と環境

熱帯

▶ 一年中降水量が多い熱帯雨林気候と，雨季と乾季(かんき)があるサバナ気候。

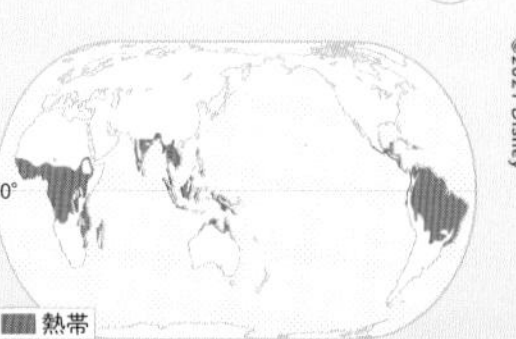

(学研)

地理 世界各地の人々の生活と環境 重要度

世界で最も信者が多い，イエスが開いた宗教を何という？

31

地理 世界各地の人々の生活と環境 重要度

ムハンマドがアラビア半島で７世紀に開いた宗教を何という？

32

礼拝(れいはい)堂をモスクという。

地理 世界各地の人々の生活と環境 重要度

インドで紀元前６～５世紀ごろにシャカが開いた宗教を何という？

33

日本で最も信者が多い宗教。

地理 世界各地の人々の生活と環境 重要度

インドで最も信者が多い宗教を何という？

34

牛を神聖なものとしている。

地理 世界の諸地域 アジア州 重要度

インドとならび，人口が多い東アジアの国はどこ？

35

首都は北京(ペキン)。漢族（漢民族）が多く住む。

地理 世界の諸地域 アジア州 重要度

朝鮮(ちょうせん)半島の南側にある国はどこ？

36

首都はソウル，日本の隣国(りんごく)。

地理 世界の諸地域 アジア州 重要度

中国(ちゅうごく)やネパール，インドなどの国境に連なる山脈を何という？

37

世界最高峰(ほう)のエベレスト山がある。

地理 世界の諸地域 アジア州 重要度

海外に移住して現地の国籍(こくせき)を取得した中国(ちゅうごく)系の人々とその子孫を何という？

38

中国籍のままの人を華僑(かきょう)という。

地理 世界の諸地域 アジア州 重要度

中国(ちゅうごく)の総人口の9割以上を占(し)める民族を何という？

39

東部に多く住む。

地理 世界の諸地域 アジア州 重要度

1年に2回，同じ農地で同じ農作物をつくることを何という？

40

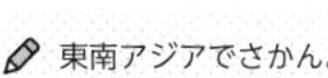

東南アジアでさかん。

地理 | 世界の諸地域 アジア州

大韓民国(韓国)

- 20世紀前半に日本が植民地支配。
- チマ・チョゴリが女性の民族衣装。
- ハングル(文字)を使用。

地理 | 世界の諸地域 アジア州

ヒマラヤ山脈

- 東部のチベット高原を含む一帯は「世界の屋根」と呼ばれる。
- これらの高地から長江や黄河が流れ出す。

地理 | 世界の諸地域 アジア州

華人

- 東南アジアに多く，現地の商業や金融業に大きな力をもつことが多い。
- 日本にも横浜市や神戸市に中華街があり，多くの中国系の人が暮らす。

地理 | 世界の諸地域 アジア州

漢族(漢民族)

- 中国は漢族と55の少数民族からなる多民族国家。

地理 | 世界の諸地域 アジア州

二期作

- 東南アジアの国々では，米の二期作がさかん。
- 同じ農地で異なる農作物を1回ずつつくるのは二毛作。

地理 | 世界各地の人々の生活と環境

キリスト教

- イエスが紀元前後に開く。
- ヨーロッパ，南北アメリカ，オセアニアに信者が多い。

(フォトライブラリー)

地理 | 世界各地の人々の生活と環境

イスラム教

- 最大の聖地はメッカ。1日5回の礼拝や，断食の習慣がある。
- 西アジア，中央アジア，北アフリカに信者が多い。

(アフロ)

地理 | 世界各地の人々の生活と環境

仏教

- 東アジア，東南アジアに信者が多い。
- 朝鮮半島を経て，日本に伝わる。
- 右は僧が食べ物やお金のほどこしを受ける托鉢の様子。

(安倍光雄／アフロ)

地理 | 世界各地の人々の生活と環境

ヒンドゥー教

- カースト制と深く結びつく宗教。
- インド国民の約８割が信仰。
- ガンジス川での沐浴の習慣がある。

(フォト・オリジナル)

地理 | 世界の諸地域 アジア州

中華人民共和国(中国)

- 人口は14億人を超える。
- 「世界の工場」と呼ばれる工業国。
- 華北で畑作，華中・華南で稲作。

地理 | 世界の諸地域 アジア州 | 重要度

熱帯地域で，かつて欧米人によって開かれた大規模農園を何という？

41

東南アジアやアフリカの熱帯地域に多い。

地理 | 世界の諸地域 アジア州 | 重要度

中国の沿岸部に設置された，外国企業に経済的な優遇措置を設けた地域を何という？

42

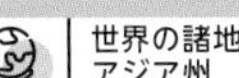

地理 | 世界の諸地域 アジア州 | 重要度

インドで発達している，情報や通信に関する技術を用いた産業を何という？

43

南部のベンガルールでとくにさかん。

地理 | 世界の諸地域 アジア州 | 重要度

1970年代から急速に工業化が進んだアジアの国や地域をまとめて何という？

44

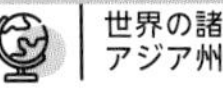

地理 | 世界の諸地域 アジア州 | 重要度

東南アジアの国々が経済的・政治的な結びつきを強めるために結成した組織を何という？

45

地理 | 世界の諸地域 アジア州 | 重要度

西アジアの産油国が中心となって結成した石油輸出国機構の略称を何という？

46

地理 | 世界の諸地域 ヨーロッパ州 | 重要度

スイスとイタリア，フランスの国境に連なる山脈を何という？

47

地理 | 世界の諸地域 ヨーロッパ州 | 重要度

氷河の侵食でできたU字形の谷に海水が入り込んでできた奥行きのある湾を何という？

48

スカンディナビア半島でみられる。

地理 | 世界の諸地域 ヨーロッパ州 | 重要度

ヨーロッパ北西部の大西洋を北上する暖流を何という？

49

地理 | 世界の諸地域 ヨーロッパ州 | 重要度

中緯度地域で一年中西から吹く風を何という？

50

地理 | 世界の諸地域 アジア州

OPEC（オペック）

▶ 加盟国の利益を守りつつ，石油価格の安定に努める。

▶ 西アジアの産油国のほか，ナイジェリアやベネズエラなども加盟。

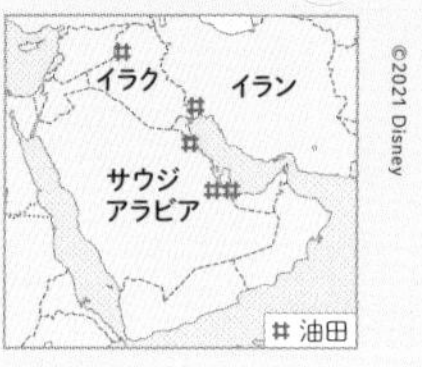

地理 | 世界の諸地域 ヨーロッパ州

アルプス山脈

▶ アルプス山脈より北側には，平原が広がり，ライン川などの国際河川が流れる。

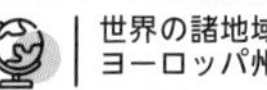

地理 | 世界の諸地域 ヨーロッパ州

フィヨルド

▶ ノルウェーのソグネフィヨルドは，世界最大級の大きさ。

(Cynet Photo)

地理 | 世界の諸地域 ヨーロッパ州

北大西洋海流（きたたいせいようかいりゅう）

▶ 暖流の上空を偏西風が吹く影響で，西ヨーロッパは高緯度のわりに温暖な気候である。

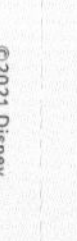

地理 | 世界の諸地域 ヨーロッパ州

偏西風（へんせいふう）

▶ 大陸西岸に吹く。

▶ 西ヨーロッパは偏西風と暖流により，温暖な西岸海洋性気候である。

地理 | 世界の諸地域 アジア州

プランテーション

▶ 東南アジアでは，天然ゴム，油やし，バナナなどが栽培されている。

▶ 現在は現地の人の経営や国営が多い。

地理 | 世界の諸地域 アジア州

経済特区

▶ 1980年代に設置された。

▶ 外国企業を税金などの面で優遇。

▶ 沿岸部と内陸部の経済格差が課題。

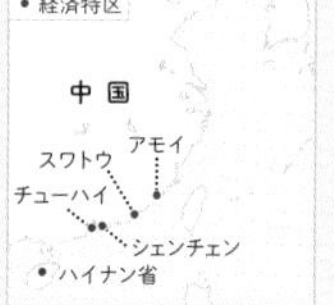

地理 | 世界の諸地域 アジア州

情報通信技術（ICT）関連産業

▶ インドでは，アメリカ合衆国と時差が約半日あることをいかして，24時間対応のコールセンターが運営されている。

地理 | 世界の諸地域 アジア州

アジアNIES（ニーズ）（新興工業経済地域）

▶ 韓国，台湾，香港，シンガポールのこと。

▶ せんい製品や電子部品などの輸出型の工業で発展。

地理 | 世界の諸地域 アジア州

東南アジア諸国連合（ASEAN）

▶ 1967年に結成された。

▶ 東南アジアの10か国が加盟。

▶ 経済，政治，安全保障などで協力。

地理 世界の諸地域 ヨーロッパ州 重要度

地中海(ちちゅうかい)沿岸で，乾燥(かんそう)する夏に果樹を，やや雨の多い冬に小麦を栽培(さいばい)する農業を何という？

51

地理 世界の諸地域 ヨーロッパ州 重要度

穀物や飼料作物の栽培(さいばい)と，牛・豚(ぶた)などの家畜(かちく)の飼育を組み合わせた農業を何という？

52

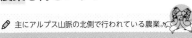

主にアルプス山脈の北側で行われている農業。

地理 世界の諸地域 ヨーロッパ州 重要度

乳牛を飼育し，牛乳やバター，チーズなどをつくる畜産業(ちくさん)を何という？

53

日本では北海道の根釧(こんせん)台地でさかん。

地理 世界の諸地域 ヨーロッパ州 重要度

ヨーロッパ州で近年大きく成長した，自動車や航空機，医薬品などを生産する産業を何という？

54

地理 世界の諸地域 ヨーロッパ州 重要度

ヨーロッパ諸国が1993年に結成し，政治的・経済的な結びつきを強めている組織を何という？

55

ヨーロッパ共同体(EC(イーシー))が発展した組織。

地理 世界の諸地域 ヨーロッパ州 重要度

ヨーロッパ連合(EU(イーユー))で導入されている共通通貨を何という？

56

地理 世界の諸地域 ヨーロッパ州 重要度

ウラル山脈をはさんでヨーロッパ州とアジア州にまたがる，国土面積が世界最大の国はどこ？

57

首都はモスクワ。

地理 世界の諸地域 アフリカ州 重要度

アフリカ大陸北部に広がる世界最大の砂漠(さばく)を何という？

58

地理 世界の諸地域 アフリカ州 重要度

他の国によって政治的・経済的に支配された地域を何という？

59

アジア，アフリカ，南アメリカに多かった。

地理 世界の諸地域 アフリカ州 重要度

コートジボワールやガーナなどで栽培(さいばい)がさかんな，チョコレートの原料となる農作物を何という？

60

植民地時代のプランテーションで栽培。

地理 | 世界の諸地域 ヨーロッパ州

ユーロ

（アフロ）

▶ スウェーデン，デンマークなどは導入していない（2020年）。

地理 | 世界の諸地域 ヨーロッパ州

ロシア（連邦）

▶ 国土のほとんどが冷帯（亜寒帯）。
▶ 石油や天然ガスなど鉱産資源が豊富。

地理 | 世界の諸地域 アフリカ州

サハラ砂漠

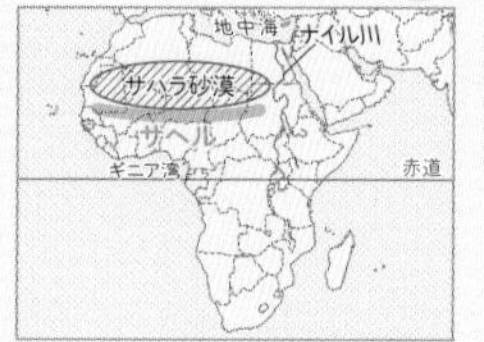

▶ 南の縁にはサヘルと呼ばれる乾燥した地域があり，砂漠化が進行。

地理 | 世界の諸地域 アフリカ州

植民地

▶ かつて，アフリカのほとんどの国がヨーロッパ諸国の植民地とされた。
▶ かつての支配国の言語を公用語とする国が多い。

地理 | 世界の諸地域 アフリカ州

カカオ（豆）

▶ ギニア湾岸のコートジボワールとガーナで世界の総生産量の半分以上を生産。

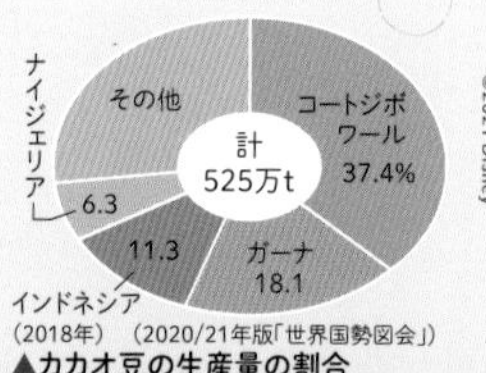

▲カカオ豆の生産量の割合

地理 | 世界の諸地域 ヨーロッパ州

地中海式農業

▶ 乾燥する夏にオリーブ，ぶどう，オレンジなどを栽培し，やや雨が多い冬に小麦などを栽培する。

地理 | 世界の諸地域 ヨーロッパ州

混合農業

▶ アルプス山脈より北のドイツ，フランス，ポーランドなどでさかん。
▶ 穀物と飼料作物は輪作する。

地理 | 世界の諸地域 ヨーロッパ州

酪農

▶ 西ヨーロッパの北部やアメリカ合衆国の五大湖周辺でさかん。

地理 | 世界の諸地域 ヨーロッパ州

先端技術（ハイテク）産業

▶ 航空機は各国が分業で生産。

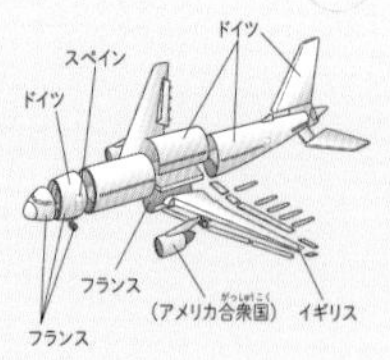

地理 | 世界の諸地域 ヨーロッパ州

ヨーロッパ連合（EU）

▶ 加盟国間では関税がなく，人，もの，お金の移動が自由。
▶ 共通通貨ユーロが導入されている。

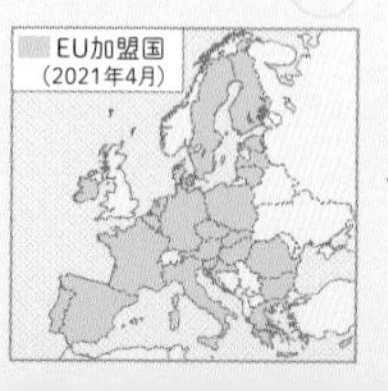

地理　世界の諸地域 アフリカ州　重要度

特定の農産物や鉱産資源の輸出に頼(たよ)る国の経済を何という？

61

地理　世界の諸地域 アフリカ州　重要度

生産量，流通量が少ない貴重な金属を何という？

✎ 埋蔵量(まいぞう)も少なく，取り出すのが難しい。

62

地理　世界の諸地域 アフリカ州　重要度

アフリカの政治的・経済的な統合を目指し，アフリカ諸国が結成した地域協力組織を何という？

✎ 2002年に結成された組織。

63

地理　世界の諸地域 北アメリカ州　重要度

北アメリカにある，世界の政治・経済に最も影響力(えいきょう)をもつ国はどこ？

✎ ホワイトハウス，ウォール街が有名。

64

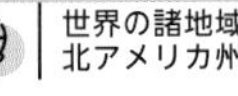

地理　世界の諸地域 北アメリカ州　重要度

ロッキー山脈の東側に広がる大平原を何という？

65

地理　世界の諸地域 北アメリカ州　重要度

メキシコや中央アメリカからアメリカ合衆国(がっしゅうこく)に移住した，スペイン語を話す人々を何という？

66

地理　世界の諸地域 北アメリカ州　重要度

気候や土壌(どじょう)などの自然条件などに適した農産物をつくることを何という？

67

地理　世界の諸地域 北アメリカ州　重要度

アメリカ合衆国(がっしゅうこく)の北緯(ほくい)37度以南の工業が発達した地域を何という？

✎ 温暖な地域であることからついた名前。

68

地理　世界の諸地域 北アメリカ州　重要度

先端(せんたん)技術産業や情報通信技術産業の関連企業(きぎょう)が集中した，サンフランシスコ近郊(きんこう)の地域を何という？

✎ 集積回路（IC(アイシー)）の素材からついた名前。

69

地理　世界の諸地域 北アメリカ州　重要度

世界各地に支店や工場をつくって活動する大企業(きぎょう)を何という？

✎ アメリカ合衆国(がっしゅうこく)に多い。

70

地理　世界の諸地域 北アメリカ州

ヒスパニック

▶ アメリカ合衆国の全人口に占める割合が増加。
▶ アメリカ合衆国には世界中から多くの移民が移り住む。

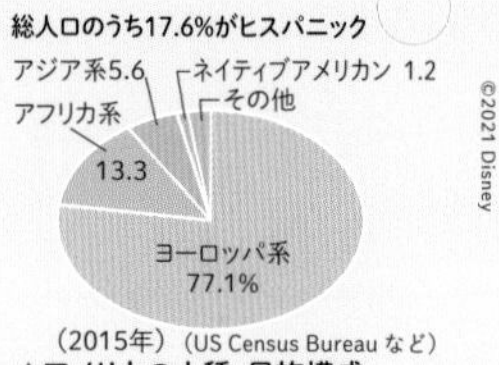

（2015年）（US Census Bureau など）
▲アメリカの人種・民族構成

地理　世界の諸地域 北アメリカ州

適地適作

▶ アメリカ合衆国の農業の特色。

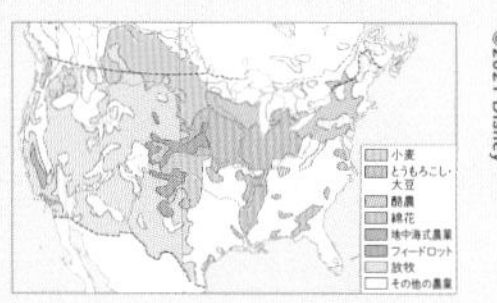

地理　世界の諸地域 北アメリカ州

サンベルト

▶ ダラスやヒューストン，ロサンゼルスなどの工業都市がある。
▶ 石油化学工業や航空宇宙産業など，先端技術（ハイテク）産業が発達。

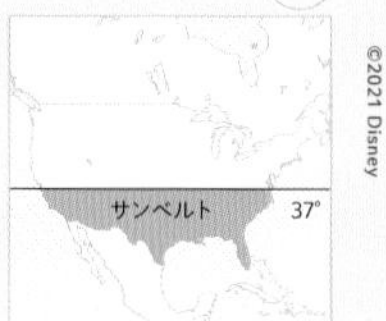

地理　世界の諸地域 北アメリカ州

シリコンバレー

▶ コンピューターやソフトウェア開発の研究所・企業，大学などが集中している。

地理　世界の諸地域 北アメリカ州

多国籍企業

▶ 穀物や石油を扱う会社をはじめ，さまざまな業種の多国籍企業が世界中で活動している。

地理　世界の諸地域 アフリカ州

モノカルチャー経済

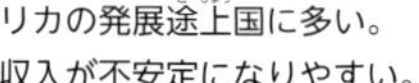
▶ アフリカの発展途上国に多い。
▶ 国の収入が不安定になりやすい。

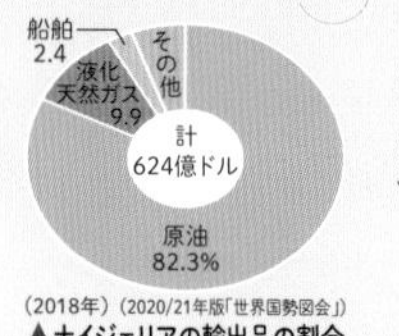

（2018年）（2020/21年版「世界国勢図会」）
▲ナイジェリアの輸出品の割合

地理　世界の諸地域 アフリカ州

レアメタル（希少金属）

▶ マンガン，ニッケル，コバルト，タングステンなど。携帯電話などの電子機器に多く使用される。
▶ レアメタルの回収，再利用の動きが進む。

地理　世界の諸地域 アフリカ州

アフリカ連合（AU）

▶ 民族紛争などのアフリカ諸国の共通の課題の解決も目指す。

地理　世界の諸地域 北アメリカ州

アメリカ合衆国

▶ 小麦，とうもろこし，大豆の輸出量は世界有数。
▶ 世界有数の工業国で，先端技術（ハイテク）産業が発達。

地理　世界の諸地域 北アメリカ州

グレートプレーンズ

▶ 小麦の栽培や肉牛の放牧がさかん。
▶ グレートプレーンズの東側に広がるプレーリーは，肥えた土壌が分布し，世界的な農業地帯である。

地理　世界の諸地域 南アメリカ州　重要度

南アメリカ州にある，コーヒー豆の生産量が世界一の国はどこ？

アマゾン川が流れ，熱帯雨林が広がる。

71

地理　世界の諸地域 南アメリカ州　重要度

世界最大の流域面積をもつ川を何という？

南アメリカ大陸を流れる。

72

地理　世界の諸地域 南アメリカ州　重要度

南アメリカ大陸の西部を南北に連なる山脈を何という？

73

地理　世界の諸地域 南アメリカ州　重要度

ラプラタ川の下流域に広がる大草原を何という？

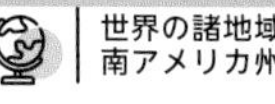

74

地理　世界の諸地域 南アメリカ州　重要度

森林や草原を焼き払(はら)い，その灰を肥料として作物を栽培(さいばい)する農業を何という？

75

地理　世界の諸地域 南アメリカ州　重要度

さとうきびなどの植物を原料にしてつくられるアルコール燃料を何という？

ブラジルで自動車の燃料に利用。

76

地理　世界の諸地域 オセアニア州　重要度

オセアニア州にある，大陸名が国名の国はどこ？

先住民のアボリジニが暮らす。

77

地理　世界の諸地域 オセアニア州　重要度

オセアニア州にある，北島・南島と他の小さな島々からなる国はどこ？

先住民のマオリが暮らす。

78

地理　世界の諸地域 オセアニア州　重要度

さんごの仲間の骨格や石灰質の殻(から)をもつ生物の死がいなどが固まってつくられた地形を何という？

温かくきれいな浅い海に発達。

79

地理　世界の諸地域 オセアニア州　重要度

工業製品の原料やエネルギー源となる鉱物を何という？

石油や石炭，鉄鉱石など。

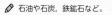

80

地理 世界の諸地域 南アメリカ州

バイオ燃料(バイオエタノール)

- さとうきびやとうもろこしが原料。アメリカ合衆国やブラジルで生産がさかん。
- 再生可能エネルギーとされる。

地理  世界の諸地域 オセアニア州

オーストラリア

- 国土の3分の2が砂漠(さばく)や草原。
- 羊毛の生産・輸出量は世界有数。
- 石炭・鉄鉱石・天然ガスも豊富。

地理  世界の諸地域 オセアニア州

ニュージーランド

- 首都はウェリントン。
- 羊が人口よりも多く，羊毛の生産や酪農(らくのう)がさかん。

地理 世界の諸地域 オセアニア州

さんご礁(しょう)

- オセアニア州の太平洋(たいへいよう)上の島々は，さんご礁などの美しい自然をいかした観光業が発達。

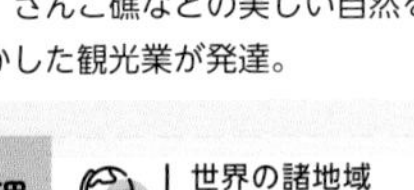

(Cynet Photo)

地理 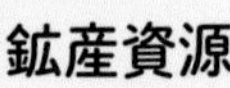 世界の諸地域 オセアニア州

鉱産資源

- オーストラリアは鉱産資源が豊富。北西部で鉄鉱石，東部で石炭を産出。

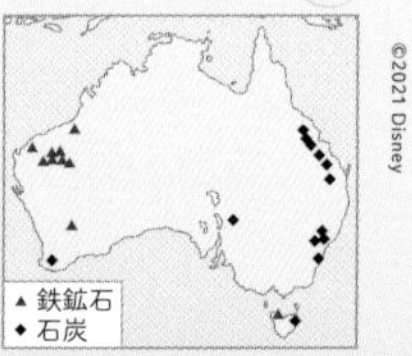

地理 世界の諸地域 南アメリカ州

ブラジル

- リオのカーニバルが有名。
- 鉄鉱石の産出量が多い。
- ポルトガル語が公用語。

地理 世界の諸地域 南アメリカ州

アマゾン川

- 赤道(せきどう)付近を流れる。
- 流域に熱帯雨林が広がるが，開発による熱帯雨林の減少が進む。

地理 世界の諸地域 南アメリカ州

アンデス山脈

- アンデス山脈の高地では，リャマやアルパカを放牧している。

地理  世界の諸地域 南アメリカ州

パンパ

- アルゼンチンとウルグアイにまたがる。
- 肉牛の放牧や小麦の栽培(さいばい)がさかん。

地理  世界の諸地域 南アメリカ州

焼畑(やきはた)農業

- 土地がやせる前に，数年で移動する。
- 熱帯雨林で行われることが多い。
- バナナ，いも，とうもろこしなどを栽培(さいばい)。

(ロイター／アフロ)

地理　世界の諸地域 オセアニア州　重要度

オーストラリアの先住民を何という？

✎ かつてはブーメランを使った狩猟を行った。

81

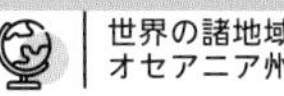

地理　世界の諸地域 オセアニア州　重要度

かつてオーストラリアで行われていた，ヨーロッパ系(白人)以外の移住を制限した政策を何という？

✎ 20世紀初めから1970年代にかけて行われた。

82

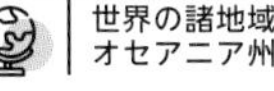

地理　世界の諸地域 オセアニア州　重要度

異なる民族が互いの文化を尊重し，共存する社会を何という？

✎ オーストラリアなどで目指されている。

83

地理　世界の諸地域 オセアニア州　重要度

アジア州や太平洋に面している国・地域が経済協力を進めるために結成した枠組みを何という？

✎

84

地理　身近な地域の調査　重要度

地形の起伏や土地利用などがかきこまれた地図を何という？

✎ 国土地理院が発行している。

85

地理　身近な地域の調査　重要度

地形図上で，海面からの高さが等しい地点を結んだ線を何という？

✎ 土地の起伏がわかる。

86

地理　日本の地域的特色　重要度

太平洋を取り囲むように形成された，地震や火山活動が活発な地域を何という？

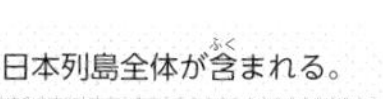

✎ 日本列島全体が含まれる。

87

地理　日本の地域的特色　重要度

ユーラシア大陸の南部に連なる，地震や火山活動が活発な地域を何という？

✎ 世界最高峰のエベレスト山がある。

88

地理　日本の地域的特色　重要度

新潟県糸魚川市から静岡県静岡市を結ぶ線が西端の，溝状の地形を何という？

✎ 日本の地形を東西に分ける。

89

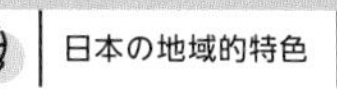

地理　日本の地域的特色　重要度

川が山地から平地に出るところに土砂がたまって形成される，扇形の傾斜地を何という？

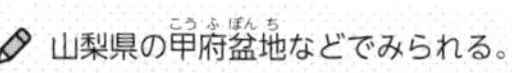

✎ 山梨県の甲府盆地などでみられる。

90

地理　身近な地域の調査

等高線

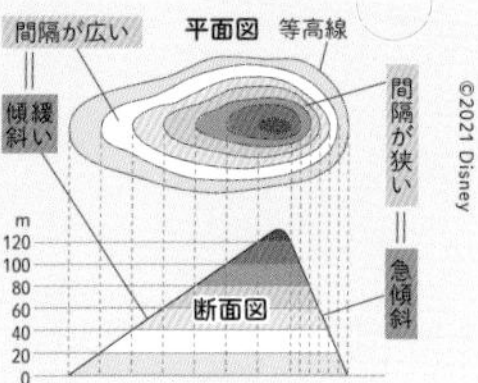

- 2万5千分の1地形図では10mごと，5万分の1地形図では20mごと。

地理　日本の地域的特色

環太平洋造山帯（かんたいへいようぞうざんたい）

- アンデス山脈，ロッキー山脈，日本列島，ニュージーランドなどを含（ふく）む。

地理　日本の地域的特色

アルプス・ヒマラヤ造山帯

- アルプス山脈やヒマラヤ山脈などを含（ふく）む。

地理　日本の地域的特色

フォッサマグナ

- フォッサマグナを境に山脈・山地は西側が東西，東側が南北に連なる。

地理　日本の地域的特色

扇状地（せんじょうち）

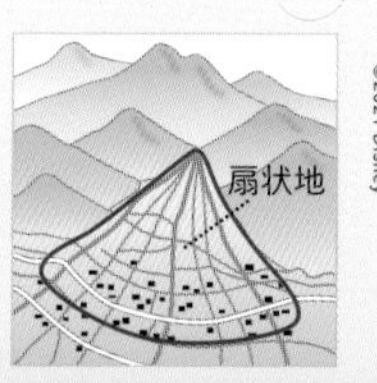

- 水はけのよい傾斜地（けいしゃち）で，果樹園に利用されることが多い。

地理　世界の諸地域 オセアニア州

アボリジニ(ー)

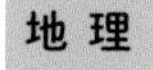

- かつてヨーロッパ人に迫害（はくがい）された。
- 現在は文化が尊重され，保護の取り組みが行われている。
- ニュージーランドの先住民はマオリ。

地理　世界の諸地域 オセアニア州

白豪主義（はくごうしゅぎ）

- ヨーロッパ系(白人)以外の移住を制限。
- 現在のオーストラリアは多文化社会を目指している。

地理　世界の諸地域 オセアニア州

多文化社会

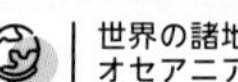

- オーストラリアでは小学校でイタリア語や日本語を学習。
- テレビやラジオは複数の外国語で放送。

地理　世界の諸地域 オセアニア州

アジア太平洋経済協力会議(APEC（エイペック）)

- 1989年に結成。
- オーストラリアやニュージーランドも参加。

地理　身近な地域の調査

地形図

- 2万5千分の1，5万分の1の地形図がある。
- 建物や土地利用を地図で表す。

地理 | 日本の地域的特色 | 重要度

川が海や湖に流れ出るところに土(ど)砂(しゃ)がたまって形成される，低くて平らな地形を何という？

91

三角形のような形。

地理 | 日本の地域的特色 | 重要度

山地が沈降(ちんこう)してできた，複雑に入り組んだ海岸地形を何という？

92

三陸(さんりく)海岸南部や志摩(しま)半島，若狭(わかさ)湾沿岸が代表的。

地理 | 日本の地域的特色 | 重要度

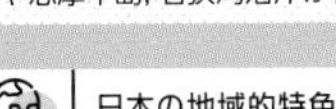

陸地周辺に広がる，深さ200mくらいまでの浅くて平らな海底地形を何という？

93

地理 | 日本の地域的特色 | 重要度

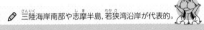

日本列島の太平洋(たいへいよう)側を北上する暖流を何という？

94

地理 | 日本の地域的特色 | 重要度

日本列島の太平洋(たいへいよう)側を南下する寒流を何という？

95

地理 | 日本の地域的特色 | 重要度

日本列島の日本海側を北上する暖流を何という？

96

地理 | 日本の地域的特色 | 重要度

温帯のうち，主に大陸東岸にみられる，季節風の影響(えいきょう)を受ける気候を何という？

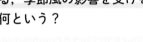

97

地理 | 日本の地域的特色 | 重要度

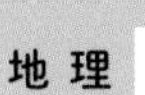

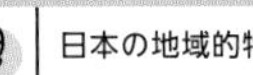

夏と冬で風向きが大きく変わる風を何という？

98

日本では冬に日本海側に多くの雪をもたらす。

地理 | 日本の地域的特色 | 重要度

日本で６月から７月にかけて続く，雨の多い時期を何という？

99

北海道ではみられない。

地理 | 日本の地域的特色 | 重要度

夏から秋にかけて日本を通過し，風水害をもたらすこともある熱帯低気圧を何という？

100

日本の南の熱帯地域で発生する。

地理 | 日本の地域的特色

対馬(つしま)海流

▶ 九州の南西で黒潮(くろしお)と分かれ，日本海を北上する暖流。

地理 | 日本の地域的特色

温暖湿潤気候(おんだんしつじゅんきこう)

▶ 主に大陸東岸に広がる気候。
▶ 日本では，北海道と南西諸島を除く地域に広がる。

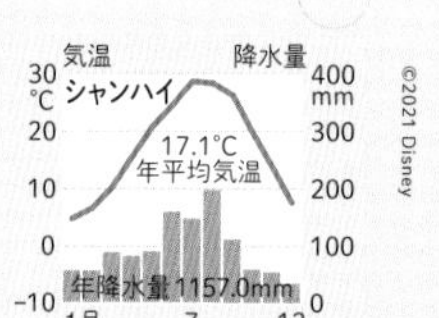

地理 | 日本の地域的特色

季節風(モンスーン)

▶ 東アジア，東南アジア，南アジアの沿岸に吹(ふ)く。
▶ 日本では夏は南東から，冬は北西から吹く。

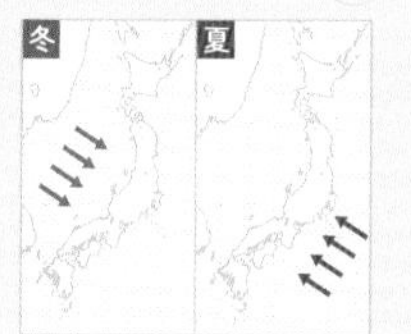

地理 | 日本の地域的特色

梅雨(つゆ・ばいう)

▶ 大雨による水害が発生することがある。
▶ 少雨のとき，夏に水不足が起こる。

地理 | 日本の地域的特色

台風(たいふう)

▶ 熱帯低気圧のうち，最大風速が毎秒17.2m以上のもの。
▶ 九州と四国でとくに被害(ひがい)が大きい。

地理 | 日本の地域的特色

三角州(さんかくす)(デルタ)

▶ 耕地は，主に水田に利用される。
▶ 市街地が発達することも多い。

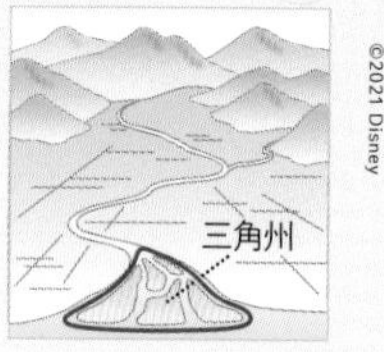

地理 | 日本の地域的特色

リアス海岸

▶ 天然の良港となる。
▶ 湾内(わんない)は波がおだやかで，養殖業(ようしょくぎょう)に適している。

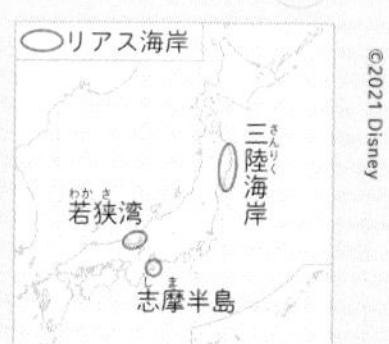

地理 | 日本の地域的特色

大陸棚(たいりくだな)

▶ 水産資源や鉱産資源が豊富。
▶ 東シナ海などに広がる。

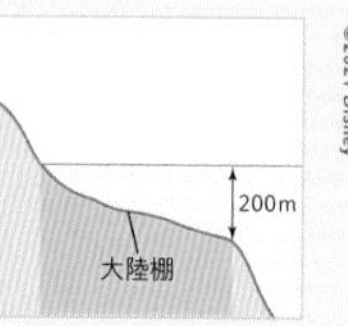

地理 | 日本の地域的特色

黒潮(くろしお)(日本海流)

▶ 赤道(せきどう)付近から北上する暖流。

黒潮（日本海流）

地理 | 日本の地域的特色

親潮(おやしお)(千島(ちしま)海流)

▶ 千島列島周辺から南下する寒流。

地理 | 日本の地域的特色 | 重要度

東北地方太平洋沖地震と，それに伴って発生した津波などによる大規模な災害を何という？

101

地理 | 日本の地域的特色 | 重要度

自然災害による被害をできる限り少なくするための取り組みを何という？

102

被害を未然に防ぐ取り組みは防災。

地理 | 日本の地域的特色 | 重要度

自然災害の被害予測地域や避難場所・避難経路などを記した地図を何という？

103

災害が起こったときの対策としてつくられる。

地理 | 日本の地域的特色 | 重要度

ある国や地域の人口を面積で割って求めた数値を何という？

104

一般に $1\ km^2$ あたりの数値で示す。

地理 | 日本の地域的特色 | 重要度

子どもの数が少なくなり，高齢者の割合が高くなる現象を何という？

105

現在の日本の人口構成。

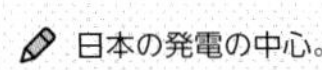

地理 | 日本の地域的特色 | 重要度

各地方の政治・経済・文化の中心となっている都市を何という？

106

北海道の札幌市，中国・四国地方の広島市など。

地理 | 日本の地域的特色 | 重要度

一定の地域に，人口や企業が集中しすぎている状態を何という？

107

東京・大阪・名古屋などでみられる。

地理 | 日本の地域的特色 | 重要度

人口の流出などで，地域社会の維持が困難になっていることを何という？

108

農村や山間部・離島などでみられる。

地理 | 日本の地域的特色 | 重要度

ダムにためた水を落下させるなどして行う発電方法を何という？

109

地理 | 日本の地域的特色 | 重要度

石油や石炭などの化石燃料を燃やし，蒸気を発生させて行う発電方法を何という？

110

日本の発電の中心。

地理 | 日本の地域的特色

地方中枢都市

▶ 国の出先機関や大企業の支社・支店が置かれる。

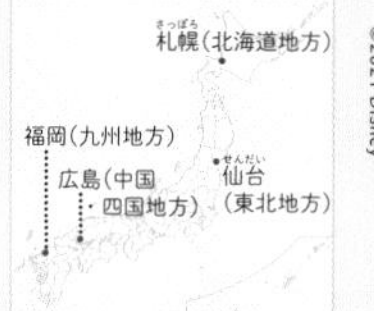

地理 | 日本の地域的特色

過密(化)

▶ 住宅の不足，地価の上昇，交通渋滞，大気汚染，ごみ処理場の不足などの都市問題が発生。

地理 | 日本の地域的特色

過疎(化)

▶ 学校や病院の閉鎖，公共交通機関の廃止などが起こる。

▶ 対策として，町(村)おこしなどの地域おこしを行う。

地理 | 日本の地域的特色

水力発電

▶ 二酸化炭素の排出量は少ないが，ダム建設による環境破壊が問題。

(学研)

地理 | 日本の地域的特色

火力発電

▶ 安定して発電を行えるが，二酸化炭素の排出量が多い。

▶ 排出ガスによる大気汚染が問題。

(ピクスタ)

地理 | 日本の地域的特色

東日本大震災

▶ 死者・行方不明者は2万人以上。

▶ 福島第一原子力発電所の事故により，大量の放射性物質が大気中に放出された。

地理 | 日本の地域的特色

減災

▶ 減災には，公助，自助，共助が大切。

▶ 家具の固定化など。

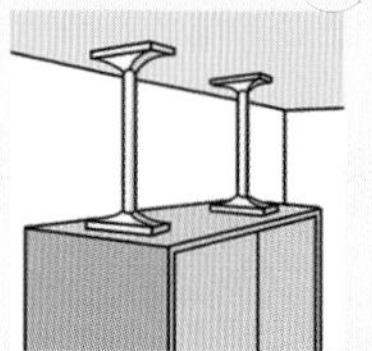

地理 | 日本の地域的特色

ハザードマップ(防災マップ)

▶ 自然災害による被害を，できるだけ少なくするためにつくられる。

▶ 国土交通省や地方公共団体が作成。

地理 | 日本の地域的特色

人口密度

▶ 人口密度＝人口÷面積。

▶ 日本の人口密度は約338人/km^2(2019年)。

地理 | 日本の地域的特色

少子高齢化

▶ 少子高齢化が進んだ社会を少子高齢(化)社会という。

▶ 社会保障費の増大や労働力不足が課題。

日本の人口ピラミッド

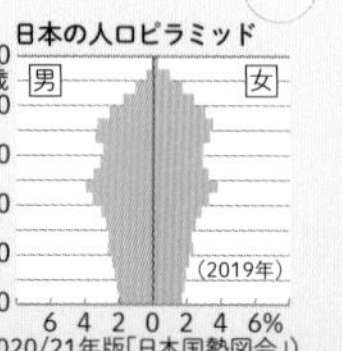

(2020/21年版「日本国勢図会」)

地理 | 日本の地域的特色 | 重要度

核分裂による熱で蒸気を発生させて行う発電方法を何という？

111

ウランやプルトニウムが燃料となる。

地理 | 日本の地域的特色 | 重要度

風力，太陽光，地熱など，資源がなくなる心配のないエネルギーを何という？

112

環境への負担が少ないエネルギー。

地理 | 日本の地域的特色 | 重要度

国内で消費する食料のうち，国内で生産する量でまかなえる割合を何という？

113

国内生産量÷国内消費量×100で算出。

地理 | 日本の地域的特色 | 重要度

いけすなどの施設で，人の手で魚介類や海そうを育てて出荷する漁業を何という？

114

卵からかえし，大きくなるまで育てる。

地理 | 日本の地域的特色 | 重要度

卵からかえした稚魚・稚貝を放流し，成長したらとる漁業を何という？

115

自然の中で成長させた魚や貝をとる漁業。

地理 | 日本の地域的特色 | 重要度

関東地方南部から九州地方北部にかけての臨海部に帯状に連なる，工業がさかんな地域を何という？

116

人口も多い地域。

地理 | 日本の地域的特色 | 重要度

愛知県や三重県北部を中心に形成されている日本最大の工業地帯を何という？

117

機械工業の割合がとくに高い工業地帯。

地理 | 日本の地域的特色 | 重要度

原料を輸入して工業製品をつくり，それを輸出する貿易を何という？

118

地理 | 日本の地域的特色 | 重要度

国内の企業が海外に工場を移すことで，国内の産業が衰退する現象を何という？

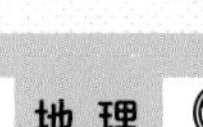

119

地理 | 日本の地域的特色 | 重要度

産業を大きく三つに分類したとき，直接生産活動を行わない産業を何という？

120

地理 | 日本の地域的特色

太平洋ベルト

- 三大工業地帯のほか，東海・瀬戸内などの工業地域がある。
- 多くの大都市がある。

地理 | 日本の地域的特色

中京工業地帯

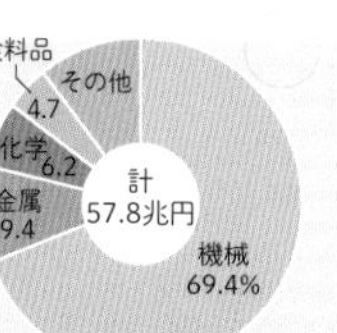

（2017年）
（2020/21年版「日本国勢図会」）
▲中京工業地帯の生産割合

- 豊田市で自動車工業が発達。
- 東海市で鉄鋼業，四日市市で石油化学工業が発達。

地理 | 日本の地域的特色

加工貿易

- かつての日本は典型的な加工貿易。
- 近年の日本は製品の輸入が増え，加工貿易の形が崩れている。

地理 | 日本の地域的特色

産業の空洞化

- 国内の工場の閉鎖が増え，失業者が増える。

地理 | 日本の地域的特色

第三次産業

- サービス業，商業，情報通信業，観光業など。
- 日本の就業者の約7割が第三次産業。

地理 | 日本の地域的特色

原子力発電

- 少量の燃料で大量の電力をつくることができる。
- 放射性廃棄物の処理や事故による放射性物質の放出問題。

地理 | 日本の地域的特色

再生可能エネルギー

（ピクスタ）
▲風力発電

- 半永久的に利用可能なエネルギー。
- 地球温暖化の原因となる二酸化炭素の排出量がほとんどない。

地理 | 日本の地域的特色

食料自給率

- 日本の食料自給率は先進国の中で最低水準。
- 貿易の自由化により，農産物の輸入が増加。

地理 | 日本の地域的特色

養殖業（養殖漁業）

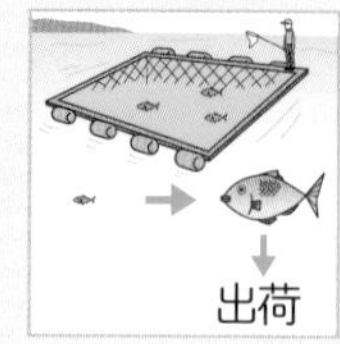

- 計画的に出荷できるので，収入が安定する。
- えさ代が高いなどの問題がある。

地理 | 日本の地域的特色

栽培漁業

- 北海道のさけやますが代表的。
- 養殖業とともに「育てる漁業」といわれる。

地理 日本の諸地域 九州地方 重要度

九州地方の経済の中心で，九州地方で最も人口が多い都道府県はどこ？

121

✎ 辛子明太子や博多どんたくが有名。

地理 日本の諸地域 九州地方 重要度

土地の大部分がシラス台地で，畜産・畑作がさかんな九州南部の都道府県はどこ？

122

✎ 桜島と黒豚が有名。

地理 日本の諸地域 九州地方 重要度

九州地方の南西部に位置し，三線など独自の文化が栄えている都道府県はどこ？

123

✎ かつては琉球王国という独立した国。

地理 日本の諸地域 九州地方 重要度

火山の噴火により，頂上付近が落ちこむなどして形成されたくぼ地を何という？

124

✎ 周りを外輪山が囲む。

地理 日本の諸地域 九州地方 重要度

火山の噴火による火山灰や小さな石が積もってできた九州南部の台地を何という？

125

✎ 鹿児島県から宮崎県南部に広がる。

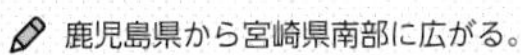

地理 日本の諸地域 九州地方 重要度

火山の地下にある熱水や蒸気を取り出し，その力を利用して行う発電方法を何という？

126

地理 日本の諸地域 九州地方 重要度

同じ耕地で1年に異なる作物を1回ずつ栽培することを何という？

127

✎ 中心となる作物が表作，表作のあとにつくる作物が裏作。

地理 日本の諸地域 九州地方 重要度

ビニールハウスなどの施設を使い，野菜や花をほかの地域より早い時期に栽培・出荷する農業を何という？

128

✎ 暖かい地域で行われている農業。

地理 日本の諸地域 九州地方 重要度

福岡県に形成されている工業地域を何という？

129

✎ 明治時代に官営の八幡製鉄所が建設された。

地理 日本の諸地域 中国・四国地方 重要度

中国・四国地方最大の工業県で，地方中枢都市がある都道府県はどこ？

130

地 理　日本の諸地域　九州地方

地熱発電

(ピクスタ)

- 九州地方は火山が多く地熱発電所が多い。
- 大分県八丁原地熱発電所が有名。

地 理　日本の諸地域　九州地方

二毛作

- 福岡県南部の筑紫平野で稲と麦(小麦・大麦)の二毛作。
- 輸入穀物の増加で，二毛作は減少。

地 理　日本の諸地域　九州地方

促成栽培

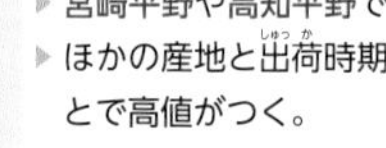

- 宮崎平野や高知平野でさかん。
- ほかの産地と出荷時期をずらすことで高値がつく。

地 理　日本の諸地域　九州地方

北九州工業地域(地帯)

(2017年)
(2020/21年版「日本国勢図会」)
▲北九州工業地域の生産割合

- 八幡製鉄所がつくられたことから鉄鋼業を中心に発達。
- 現在は自動車など機械工業が中心。

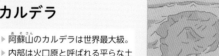

地 理　日本の諸地域　中国・四国地方

広島県

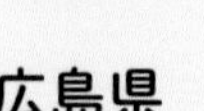

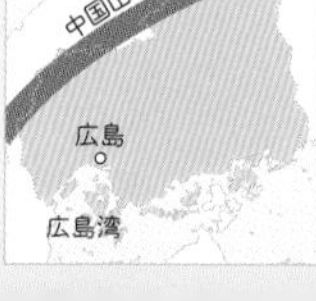

- 県庁所在地の広島市は原子爆弾の被害を受けた。
- 広島湾でかきの養殖がさかん。

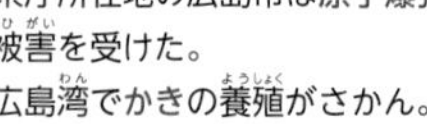

地 理　日本の諸地域　九州地方

福岡県

- 県庁所在地の福岡市は九州地方の地方中枢都市。
- 北九州工業地域(地帯)がある。

地 理　日本の諸地域　九州地方

鹿児島県

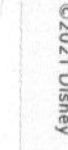

- 畜産がさかんで，ブランド登録されたかごしま黒豚が有名。
- 屋久島は世界自然遺産。

地 理　日本の諸地域　九州地方

沖縄県

- 亜熱帯の気候。
- さとうきびの栽培，観光業がさかん。
- 米軍基地が多い。

地 理　日本の諸地域　九州地方

カルデラ

- 阿蘇山のカルデラは世界最大級。
- 内部は火口原と呼ばれる平らな土地が広がる。

地 理　日本の諸地域　九州地方

シラス台地

- 水もちが悪く，稲作に不向き。
- 肉牛や豚，肉用にわとりの飼育など，畜産がさかん。

地理　日本の諸地域 中国・四国地方　重要度

中国地方のうち，中国山地より北側の地域を何という？

131

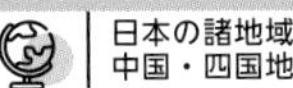
地理　日本の諸地域 中国・四国地方　重要度

香川県の瀬戸内海(せとないかい)沿岸に広がる平野を何という？

132

地理　日本の諸地域 中国・四国地方　重要度

瀬戸内海沿岸に発達した工業地域を何という？

✎ 倉敷(くらしき)市水島(みずしま)や周南(しゅうなん)市に石油化学コンビナートがある。

133

地理　日本の諸地域 中国・四国地方　重要度

本州(ほんしゅう)と四国(しこく)を結ぶ３つのルートにかかる橋をまとめて何という？

✎ 瀬戸大橋(せとおおはし)や大鳴門橋(おおなるときょう)などがかかる。

134

地理　日本の諸地域 中国・四国地方　重要度

過疎(かそ)に直面する地域で行われている，地域の活性化をはかる事業を何という？

135

地理　日本の諸地域 近畿地方　重要度

794年に平安京(へいあんきょう)がつくられ，約千年にわたって都が置かれた都道府県はどこ？

✎ 西陣織(にしじんおり)や祇園祭(ぎおんまつり)が有名。

136

地理　日本の諸地域 近畿地方　重要度

日本有数の港湾(こうわん)都市である神戸(こうべ)市を県庁所在地とする都道府県はどこ？

137

地理　日本の諸地域 近畿地方　重要度

滋賀県にある，日本最大の湖を何という？

138

地理　日本の諸地域 近畿地方　重要度

大阪市を中心に，京都市・神戸(こうべ)市などにまたがる人口が集中している地域を何という？

139

地理　日本の諸地域 近畿地方　重要度

1995年に兵庫県を中心に大きな被害(ひがい)を出した災害を何という？

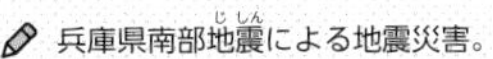
兵庫県南部地震(じしん)による地震災害。

140

地理 | 日本の諸地域 近畿地方

京都府

- 京都市は古都と呼ばれる。
- 京都市の文化財の多くは，世界文化遺産に登録されている。

地理  | 日本の諸地域 近畿地方

兵庫県

- 人工島のポートアイランドがある。
- 淡路島でたまねぎの生産など，近郊農業がさかん。

地理  | 日本の諸地域 近畿地方

琵琶湖

- 「近畿地方の水がめ」と呼ばれ，京都市や大阪市などに生活・農業・工業用水を供給している。

地理  | 日本の諸地域 近畿地方

大阪（京阪神）大都市圏

- 三大都市圏の一つ。
- 千里や泉北にニュータウンが形成。

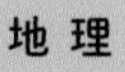  | 日本の諸地域 近畿地方

阪神・淡路大震災

（フォト・オリジナル）

- 兵庫県淡路島北部沖が震源。
- 最大震度７を記録した直下型地震。

地理 | 日本の諸地域 中国・四国地方

山陰

- 鳥取県，島根県，山口県北部が属する。
- 農山村部で過疎化が進行。

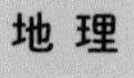  | 日本の諸地域 中国・四国地方

讃岐平野

（フォト・オリジナル）

- 瀬戸内の気候に属し，降水量が少ない。
- 古くからため池がつくられてきた。

地理 | 日本の諸地域 中国・四国地方

瀬戸内工業地域

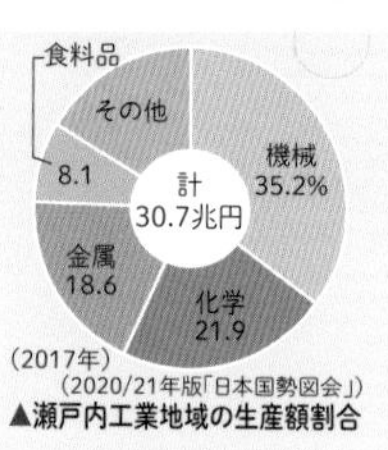

（2017年）
（2020/21年版「日本国勢図会」）
▲瀬戸内工業地域の生産額割合

- 塩田の跡地や遠浅の沿岸を埋め立てて工業用地を確保。
- 瀬戸内海の海上交通を利用。

地理 | 日本の諸地域 中国・四国地方

本州四国連絡橋

- 児島ー坂出，神戸ー鳴門，尾道ー今治を結ぶ３ルートにかかる。
- 本州と四国の移動時間が短縮。

地理  | 日本の諸地域 中国・四国地方

町おこし（村おこし）

- 地域おこしともいう。
- 特産品のブランド化や棚田のオーナー制などが代表的。

地理　日本の諸地域　近畿地方　重要度

大阪府と兵庫県を中心に形成されている工業地帯を何という？

141

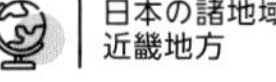

地理　日本の諸地域　近畿地方　重要度

ユネスコの条約によって登録された貴重な自然や文化財を何という？

✎ 法隆寺(ほうりゅうじ)や屋久島(やくしま)などが登録されている。

142

地理　日本の諸地域　中部地方　重要度

中部地方の南西部に位置する，工業生産額が全国一の都道府県はどこ？

✎ 自動車工業がさかんな豊田(とよた)市がある。

143

地理　日本の諸地域　中部地方　重要度

中部地方を三つの地域に分けたとき，日本海側の地域を何という？

144

地理　日本の諸地域　中部地方　重要度

本州(ほんしゅう)の中央部に連なる，飛騨(ひだ)山脈，木曽(きそ)山脈，赤石(あかいし)山脈をまとめて何という？

✎ 「日本の屋根」とも呼ばれる。

145

地理　日本の諸地域　中部地方　重要度

新潟県と長野県を流れる，日本で最も長い河川を何という？

✎ 下流域には越後(えちご)平野が広がる。

146

地理　日本の諸地域　中部地方　重要度

ビニールハウスや温室などの施設(しせつ)を使って行われる園芸農業を何という？

147

地理　日本の諸地域　中部地方　重要度

高原で，夏でも涼(すず)しい気候をいかして栽培(さいばい)される野菜を何という？

✎ レタスやキャベツ，はくさいなど。

148

地理　日本の諸地域　中部地方　重要度

農産物をほかの地域より遅(おそ)い時期に栽培(さいばい)·出荷(しゅっか)する農業を何という？

✎ 長野県の高地でさかん。

149

地理　日本の諸地域　中部地方　重要度

静岡県の太平洋(たいへいよう)沿岸に広がる工業地域を何という？

150

地理 | 日本の諸地域 中部地方

信濃川

- 日本アルプスから日本海に流れ出る。
- 長野県では千曲川と呼ばれる。

地理  | 日本の諸地域 中部地方

施設園芸農業

- 促成栽培や電照菊の栽培などがある。

(学研)

地理  | 日本の諸地域 中部地方

高原野菜

- 長野県や群馬県の高原で栽培。
- 平地より出荷時期が遅いため，高値がつく。

(学研)

地理  | 日本の諸地域 中部地方

抑制栽培

- 長野県の高原では，レタスやはくさいなどの高原野菜の抑制栽培がさかん。

地理  | 日本の諸地域 中部地方

東海工業地域

- 浜松市でオートバイや楽器の生産がさかん。
- 富士市で製紙・パルプ工業が発達。

(2017年)
(2020/21年版「日本国勢図会」)
▲東海工業地域の生産割合

地理 | 日本の諸地域 近畿地方

阪神工業地帯

- 戦前はせんい工業，戦後は鉄鋼業や石油化学工業を中心に発展。
- 現在は機械工業が最も発達。

品目	割合
機械	36.9%
金属	20.7
化学	17.0
食料品	11.0
その他	
計	33.1兆円

(2017年)
(2020/21年版「日本国勢図会」)
▲阪神工業地帯の生産割合

地理  | 日本の諸地域 近畿地方

世界遺産

- ユネスコの世界遺産条約によって登録。
- 自然遺産，文化遺産，複合遺産に分かれる。

▲世界文化遺産の姫路城

地理  | 日本の諸地域 中部地方

愛知県

- 県庁所在地の名古屋市は政令指定都市。
- 豊田市で自動車工業が発達。
- 渥美半島で電照菊の栽培。

地理  | 日本の諸地域 中部地方

北陸

- 稲作がさかん。
- 中部地方は，北陸，中央高地，東海に分けられる。

地理  | 日本の諸地域 中部地方

日本アルプス

- 3000m級の山々が連なる。
- 飛騨山脈を北アルプス，木曽山脈を中央アルプス，赤石山脈を南アルプスと呼ぶ。

地理　日本の諸地域 中部地方　重要度

地元でとれる原材料と伝統的な技術をいかして発展し，地域と密接に結びついた産業を何という？

清酒，みそ，しょうゆ，織物，食器づくりなど。

151

地理　日本の諸地域 関東地方　重要度

日本の首都があり，政治・経済・文化の中心地でもある都道府県はどこ？

152

地理　日本の諸地域 関東地方　重要度

関東平野の台地を覆(おお)う，火山灰が積もった赤土の層を何という？

153

地理　日本の諸地域 関東地方　重要度

関東平野を流れる，日本で最も流域面積が広い河川を何という？

千葉県と茨城県の県境などを流れる。

154

地理　日本の諸地域 関東地方　重要度

都市化により都市中心部の気温が周辺部より高くなる現象を何という？

155

地理　日本の諸地域 関東地方　重要度

東京都心を中心に，周辺の県にまたがる人口が集中している地域を何という？

日本の人口の約４分の１が暮らす。

156

地理　日本の諸地域 関東地方　重要度

ある地域における昼の間にいる人口を何という？

通勤や通学で他地域から来た人を含(ふく)んだ人口。

157

地理　日本の諸地域 関東地方　重要度

大都市近郊(きんこう)で行われる，大都市向けに野菜や花を栽培(さいばい)する農業を何という？

東京，大阪，名古屋(なごや)周辺などで行われている。

158

地理　日本の諸地域 関東地方　重要度

東京都と神奈川県を中心に形成されている工業地帯を何という？

159

地理　日本の諸地域 関東地方　重要度

関東地方北部の群馬県・栃木県・茨城県に広がる工業地域を何という？

160

地理　日本の諸地域　関東地方

東京大都市圏

- 三大都市圏の一つ。
- 都心部から放射状に鉄道路線が延び，周辺の県との結びつきが強い。

地理　日本の諸地域　関東地方

昼間人口

- 周辺の県からの通勤・通学者が多い東京23区など都心部は，昼間人口が夜間人口より多い。
- 夜間人口はその地域に住んでいる人口。

地理　日本の諸地域　関東地方

近郊農業

- 輸送費が安く，新鮮な農作物を大消費地に出荷することができる。
- 牛乳，卵なども生産。

地理　日本の諸地域　関東地方

京浜工業地帯

▲京浜工業地帯の生産割合

- 臨海部で石油化学工業や鉄鋼業，内陸部で機械工業が発達。
- 東京都は印刷業がさかん。

地理　日本の諸地域　関東地方

北関東工業地域

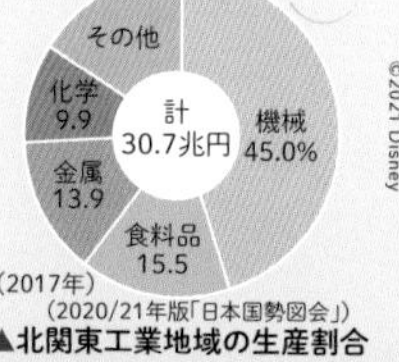

▲北関東工業地域の生産割合

- 高速道路沿いに工業団地が立地。
- 電気機械や自動車などの組み立て型の工業がさかん。

地理　日本の諸地域　中部地方

地場産業

(学研)

▲眼鏡フレーム工場

- 地元の中小企業や個人によって行われる。
- 北陸では，富山市の売薬や鯖江市(福井県)の眼鏡フレームづくりなど。

地理　日本の諸地域　関東地方

東京都

- 人口が日本一多い。
- 国会議事堂や中央官庁など，日本を動かす中枢機能が集中。

地理　日本の諸地域　関東地方

関東ローム

- 富士山や浅間山などの火山灰が堆積。
- 多くが畑作地帯。

地理　日本の諸地域　関東地方

利根川

- 水源は新潟県と群馬県の県境にある山。
- 関東地方の各都県に生活用水，農業用水などを供給。

地理　日本の諸地域　関東地方

ヒートアイランド現象

- 緑地の減少など都市化の進展で起こる。
- エアコンや自動車の排出熱も原因の一つ。

地理 | 日本の諸地域 関東地方 | 重要度

千葉県の東京湾岸に形成されている工業地域を何という？

161

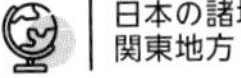

地理 | 日本の諸地域 関東地方 | 重要度

古くなった建物を取り壊し，新しい目的に合わせて建物や町をつくり直すことを何という？

✎ 東京都の都心部や臨海部で行われている。

162

地理 | 日本の諸地域 東北地方 | 重要度

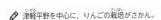

本州の最北端にあり，りんごの生産量が全国一の都道府県はどこ？

✎ 津軽平野を中心に，りんごの栽培がさかん。

163

地理 | 日本の諸地域 東北地方 | 重要度

東北地方の地方中枢都市である仙台市が県庁所在地の都道府県はどこ？

164

地理 | 日本の諸地域 東北地方 | 重要度

東北地方の中央部を南北に連なる山脈を何という？

165

地理 | 日本の諸地域 東北地方 | 重要度

夏に東北地方の太平洋側に吹く，冷たく湿った北東の風を何という？

✎ 冷害の原因となる。

166

地理 | 日本の諸地域 東北地方 | 重要度

暖流と寒流がぶつかる海域を何という？

✎ 東北地方の三陸海岸の沖にある。

167

地理 | 日本の諸地域 東北地方 | 重要度

古くからの技術をいかしてつくられていて，経済産業大臣に指定された工芸品を何という？

✎ 東北地方では南部鉄器，宮城伝統こけしなど。

168

地理 | 日本の諸地域 北海道地方 | 重要度

北海道の道庁所在地はどこ？

169

地理 | 日本の諸地域 北海道地方 | 重要度

明治時代に，北海道の開拓とロシアへの防備のために送られた兵士を何という？

170

地理 日本の諸地域 東北地方

やませ

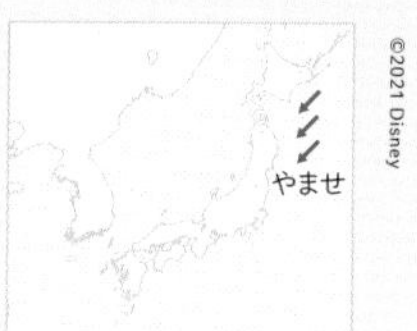

▶ 夏に東北地方の太平洋側に吹き，冷害をもたらすことがある。

地理  日本の諸地域 東北地方

潮境（潮目）

親潮
潮目
黒潮

▶ 暖流の黒潮（日本海流）と寒流の親潮（千島海流）がぶつかる海域。

▶ プランクトンが多い豊かな漁場。

地理  日本の諸地域 東北地方

伝統的工芸品

▶ 古くから受け継がれてきた原材料や技術を基につくられる。農家の冬の副業として発展。

▲南部鉄器　（ピクスタ）

地理  日本の諸地域 北海道地方

札幌市

▶ 明治時代に開拓使を設置。

▶ 政令指定都市で，北海道地方の地方中枢都市。

▶ 「さっぽろ雪まつり」が有名。

(Cynet Photo)

地理  日本の諸地域 北海道地方

屯田兵

▶ ふだんは農地を開拓し，非常時に兵士として防備にあたった。

地理 日本の諸地域 関東地方

京葉工業地域

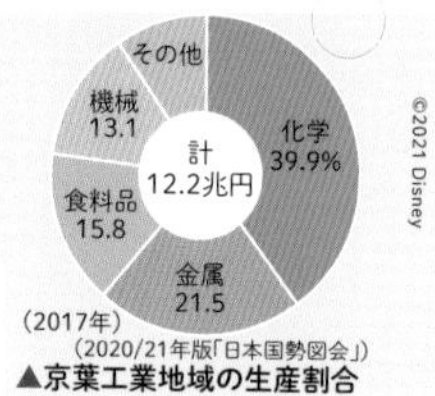

(2017年)
(2020/21年版「日本国勢図会」)
▲京葉工業地域の生産割合

▶ 石油化学コンビナートが立ち並び，化学工業がさかん。

地理  日本の諸地域 関東地方

再開発

▶ 大阪府の臨海部などでも行われている。

▶ 再開発により，神奈川県横浜市の「みなとみらい21」，千葉県の「幕張新都心」などがつくられた。

地理 日本の諸地域 東北地方

青森県

▶ 日本有数の水揚げ量をほこる八戸港など，漁業もさかん。

▶ 青森ねぶた祭が有名。

津軽半島
下北半島
青森
八戸港
津軽平野

地理  日本の諸地域 東北地方

宮城県

▶ 北東部の三陸海岸はリアス海岸。仙台平野で稲作がさかん。

▶ 仙台市は政令指定都市でもある。

▶ 仙台七夕まつりが有名。

地理 日本の諸地域 東北地方

奥羽山脈

▶ 奥羽山脈を境に，西側が日本海側の気候，東側が太平洋側の気候。

地理　日本の諸地域 北海道地方　重要度

北海道地方にもともと住んでいた先住民族を何という？

171

言語や宗教など，独自の文化をもつ。

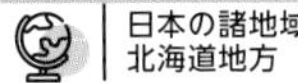

地理　日本の諸地域 北海道地方　重要度

北海道の北東に広がる海を何という？

172

冬にはこの海岸に流氷が押し寄せる。

地理　日本の諸地域 北海道地方　重要度

北海道の西部に広がる，稲作がさかんな平野を何という？

173

かつては泥炭地が広がっていた。

地理　日本の諸地域 北海道地方　重要度

同じ農地でいくつかの種類の農産物を年ごとに順番につくる農法を何という？

174

十勝平野でさかん。

地理　日本の諸地域 北海道地方　重要度

北太平洋やオホーツク海で行われる遠洋漁業を何という？

175

地理　地域のあり方の追究　重要度

未来の人々の負担にならないように，環境保護を意識して開発を進める社会を何という？

176

歴史　文明のおこりと日本の成り立ち　重要度

自然の石を打ち欠いてつくった石器を何という？

1

旧石器時代につくられ始めた石器だよ。

歴史　文明のおこりと日本の成り立ち　重要度

石の表面を磨いて，形を整えた石器を何という？

2

新石器時代につくられ始めた石器。

歴史　文明のおこりと日本の成り立ち　重要度

紀元前3000年ごろ，ナイル川流域でおこった文明を何という？

3

王の墓といわれるピラミッドが有名だよ。

歴史　文明のおこりと日本の成り立ち　重要度

チグリス(ティグリス)川・ユーフラテス川流域でおこった文明を何という？

4

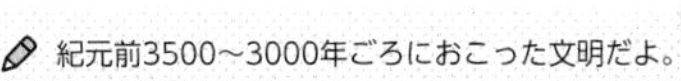

紀元前3500～3000年ごろにおこった文明だよ。

地理 地域のあり方の追究

持続可能な社会

- 開発と環境保全の両立が大切。
- 2015年に国連は持続可能な開発目標（SDGs）を採択。

歴史 文明のおこりと日本の成り立ち

打製石器

- 打製石器を使い，狩りや採集が行われていた時代を旧石器時代という。

（國學院大學博物館）

歴史 文明のおこりと日本の成り立ち

磨製石器

- 土器とともに新石器時代になってつくられた。
- 石おの・石がま・石ぞく（矢じり）・石包丁などがある。

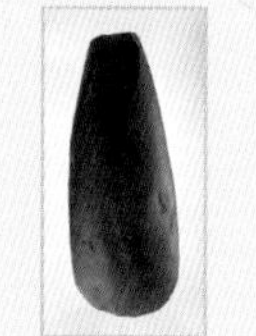
（福岡市埋蔵文化財センター 弥永原遺跡出土）

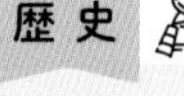

歴史 文明のおこりと日本の成り立ち

エジプト文明

- ピラミッドがつくられる。
- 象形文字（神聖文字）を発明。
- 太陽暦を発明。

▲ピラミッド

歴史 文明のおこりと日本の成り立ち

メソポタミア文明

- くさび形文字や太陰暦を発明。
- 1週7日制，60進法などが考え出された。

地理 日本の諸地域 北海道地方

アイヌの人々（アイヌ民族）

- かつては狩りや採集を中心とした生活。
- 明治政府に土地を奪われ人口が減少。

地理 日本の諸地域 北海道地方

オホーツク海

- 流氷は海を漂う氷のかたまり。
- 冬は流氷を砕いて進む砕氷船による観光が人気。

（ピクスタ）

地理 日本の諸地域 北海道地方

石狩平野

- 客土で土地を改良し，稲作地帯となる。
- 石狩平野で稲作，十勝平野で畑作，根釧台地で酪農がさかん。

石狩平野
根釧台地
十勝平野

地理 日本の諸地域 北海道地方

輪作

- 同じ農地で異なる農産物を順番に栽培することで，土地の栄養が落ちることを防ぐ。

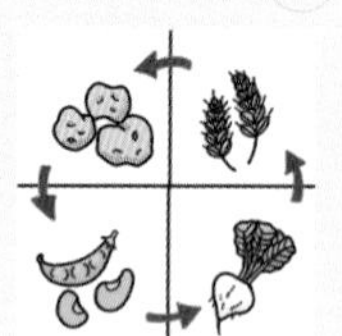

地理 日本の諸地域 北海道地方

北洋漁業

- すけとうだらやさけを獲る。
- 各国が排他的経済水域を設定し衰退。現在は養殖業や栽培漁業がさかん。

歴史　文明のおこりと日本の成り立ち　重要度

インダス川流域でおこった文明を何という？

5

紀元前2500年ごろにおこった文明だよ。

歴史　文明のおこりと日本の成り立ち　重要度

殷で使用された文字を何という？

6

歴史　文明のおこりと日本の成り立ち　重要度

紀元前３世紀に中国を統一し，初めて「皇帝」と名乗った秦の王を何という？

7

歴史　文明のおこりと日本の成り立ち　重要度

中国と西アジアや地中海地域を結ぶ交通路を何という？

8

漢の時代に開かれた交通路だよ。

歴史　文明のおこりと日本の成り立ち　重要度

都市が小さな一つの国のようになっている国家を何という？

9

アテネやスパルタが代表的。

歴史　文明のおこりと日本の成り立ち　重要度

紀元前30年ごろに地中海を囲む地域を統一した帝国を何という？

10

ローマがイタリア半島に支配を広げてできた国。

歴史　文明のおこりと日本の成り立ち　重要度

紀元前５世紀ごろ，シャカ（釈迦）が説いた宗教を何という？

11

歴史　文明のおこりと日本の成り立ち　重要度

１世紀の初め，イエスが開いた宗教を何という？

12

歴史　文明のおこりと日本の成り立ち　重要度

７世紀初めにムハンマドが開いた宗教を何という？

13

唯一の神アラー（アッラー）を信仰。

歴史　文明のおこりと日本の成り立ち　重要度

縄目のような文様がつけられた土器を何という？

14

歴史 文明のおこりと日本の成り立ち

ローマ帝国

- ローマ帝国ではコロッセオ（コロッセウム）と呼ばれる闘技場や道路網，水道や浴場などがつくられた。

歴史  文明のおこりと日本の成り立ち

仏教

- 紀元前５世紀ごろにインドで生まれたシャカ（釈迦）が説いた教え。
- やがて，東南アジアや中国，日本などに伝わった。

歴史  文明のおこりと日本の成り立ち

キリスト教

- １世紀の初めにパレスチナ地方でイエスが説いた教え。
- ４世紀末にローマ帝国が国の宗教に定めた。
- その教えはのちに『聖書（新約聖書）』にまとめられた。

歴史  文明のおこりと日本の成り立ち

イスラム教

- ７世紀の初め，アラビア半島でムハンマドが始めた宗教。
- 7～８世紀には広大なイスラム帝国がつくられた。

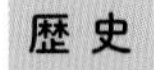  文明のおこりと日本の成り立ち

縄文土器

- 厚手で，低温で焼かれたため黒みがかった茶色（黒褐色）。
- 縄文時代に使われていた。

歴史 文明のおこりと日本の成り立ち

インダス文明

- インダス文字を発明。
- 排水施設などが整ったモヘンジョ＝ダロなどの都市が栄えた。

歴史 文明のおこりと日本の成り立ち

甲骨文字

- 殷は紀元前16世紀ごろに黄河流域でおこった王朝。
- 甲骨文字は，亀の甲や牛の骨に占いの結果を刻むために使用された。

歴史 文明のおこりと日本の成り立ち

始皇帝

- 北方の遊牧民族の侵入に備えて万里の長城を築く。

▲万里の長城 （学研）

歴史 文明のおこりと日本の成り立ち

シルクロード（絹の道）

- 中国の絹などが西方（ローマ帝国など）に運ばれた。
- 西方からは馬やぶどう，インドでおこった仏教などが中国にもたらされた。

歴史 文明のおこりと日本の成り立ち

都市国家（ポリス）

- 古代ギリシャで紀元前8世紀ごろからつくられた。
- アテネでは，成人男性すべてが参加する民会を中心とした民主政が行われていた。

歴史 文明のおこりと日本の成り立ち 重要度

貝がらや食べ物の残りかすなどが積もってできた遺跡(いせき)を何という？

15

歴史 文明のおこりと日本の成り立ち 重要度

縄文(じょうもん)時代の人々が住み始めた，地面を掘(ほ)り下げて柱を立て，屋根をかけた住居を何という？

16

歴史 文明のおこりと日本の成り立ち 重要度

稲作が伝わったころからつくられた，うすくてかたい土器を何という？

現在の東京都文京区(ぶんきょう)弥生(やよい)で発見された土器。

17

歴史 文明のおこりと日本の成り立ち 重要度

紀元前４世紀ごろ九州北部に伝わった，米をつくる農業を何という？

18

歴史 文明のおこりと日本の成り立ち 重要度

祭りの宝物(ほうもつ)などに使われた金属器を何という？

稲作(いなさく)や鉄器とともに日本に伝わったよ。

19

歴史 文明のおこりと日本の成り立ち 重要度

３世紀の日本にあった，卑弥呼(ひみこ)が女王として治めていた国を何という？

20

歴史 文明のおこりと日本の成り立ち 重要度

４世紀ごろ，朝鮮(ちょうせん)半島の南西部におこり，日本と交流のあった国を何という？

南東部の新羅(しらぎ／シルラ)とまちがえないこと！

21

歴史 文明のおこりと日本の成り立ち 重要度

円形と方形を組み合わせた大規模な古墳(こふん)を何という？

大仙(だいせん)(大山(だいせん)，仁徳陵(にんとくりょう))古墳がその代表。

22

歴史 文明のおこりと日本の成り立ち 重要度

３世紀後半に，奈良盆地(ぼんち)を中心とする地域に生まれた，王と豪族(ごうぞく)による強力な勢力を何という？

23

歴史 古代国家の歩みと東アジア 重要度

推古天皇(すいこてんのう)の下(もと)で蘇我馬子(そがのうまこ)と協力して政治を行ったのは誰(だれ)？

厩戸皇子(うまやどのおうじ)とも呼ばれている人物だよ！

24

歴史　文明のおこりと日本の成り立ち

邪馬台国

- 女王卑弥呼が30ほどの国々を従えていた。
- 中国の歴史書である『魏志』の倭人伝に邪馬台国や卑弥呼についての記述がある。

歴史　文明のおこりと日本の成り立ち

百済

- 6世紀，日本に仏像や経典を贈った。
- 660年に，新羅と唐の連合軍に攻められて滅んだ。

歴史　文明のおこりと日本の成り立ち

前方後円墳

- 古墳時代になると，大王や有力な豪族をほうむるために古墳がつくられた。

▲大仙（大山，仁徳陵）古墳

（学研写真資料）

歴史　文明のおこりと日本の成り立ち

大和政権（ヤマト王権）

- 王は大王と呼ばれた。
- 5世紀後半には，東北地方南部から九州地方まで支配していた。

歴史　古代国家の歩みと東アジア

聖徳太子

（574～622年）

- 冠位十二階，十七条の憲法を制定。遣隋使を派遣。
- 仏教をあつく信仰し，法隆寺を建立。

歴史　文明のおこりと日本の成り立ち

貝塚

- 主に縄文時代の遺跡。
- 当時の海岸線や人々の暮らしを知る手がかりとなる。
- 大森貝塚（東京都），加曽利貝塚（千葉県）など。

歴史　文明のおこりと日本の成り立ち

たて穴（竪穴）住居

- 縄文時代になると，気候が温暖になったことで食物の栽培が始まり，人々はたて穴住居に住み，定住するようになった。

歴史　文明のおこりと日本の成り立ち

弥生土器

- 文様はあっても簡単なもので，赤みがかった茶色（赤褐色）。
- 弥生時代に使われていた。

歴史　文明のおこりと日本の成り立ち

稲作

- 収穫した米は高床倉庫に蓄えられた。

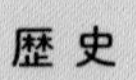

歴史　文明のおこりと日本の成り立ち

青銅器

- 銅剣・銅鐸・銅鏡・銅矛などがある。
- 銅とすずを混ぜてつくられた。

（ColBase）

歴史　古代国家の歩みと東アジア　重要度

才能や功績のある人を役人に取り立てるために定めた制度を何という？

25

聖徳太子が定めたよ！

歴史　古代国家の歩みと東アジア　重要度

政治に対する役人の心構えを示すために定めたきまりを何という？

26

聖徳太子が定めたよ！

歴史　古代国家の歩みと東アジア　重要度

聖徳太子が建てた，現存する最古の木造建築とされる寺院を何という？

27

歴史　古代国家の歩みと東アジア　重要度

中大兄皇子・中臣鎌足らが蘇我氏をたおして始めた改革を何という？

28

「大化」という年号を初めて定めた。

歴史　古代国家の歩みと東アジア　重要度

天智天皇の死後に起こった壬申の乱で勝利し，翌年即位した天皇は誰？

29

歴史　古代国家の歩みと東アジア　重要度

701年，唐の律令にならって制定されたきまりを何という？

30

歴史　古代国家の歩みと東アジア　重要度

710年，奈良につくられた都を何という？

31

歴史　古代国家の歩みと東アジア　重要度

戸籍に登録された，６歳以上の人々に与えられた土地を何という？

32

歴史　古代国家の歩みと東アジア　重要度

口分田の収穫量の約３％の稲を農民に納めさせた税を何という？

33

歴史　古代国家の歩みと東アジア　重要度

織物や地方の特産物などを農民に納めさせた税を何という？

34

絹や綿，海産物など。

歴史 古代国家の歩みと東アジア

大宝律令

- 律は刑罰のきまり，令は政治を行ううえでのきまり。
- 大宝律令によって天皇を頂点とする中央集権のしくみが整えられた。以後，律令国家が続く。

歴史 古代国家の歩みと東アジア

平城京

- 唐の都長安にならってつくられた奈良時代の都。
- 東西に市が置かれ，和同開珎などの貨幣が使われた。

（奈良市役所）

歴史 古代国家の歩みと東アジア

口分田

- 性別や身分に応じて与えられた。
- 与えられた口分田は，その人が死ぬと国に返すことになっていた。これを班田収授法という。

歴史 古代国家の歩みと東アジア

租

- 口分田とは，班田収授法に基づいて６歳以上の男女に与えられた土地で，死ぬと国に返させた。

歴史 古代国家の歩みと東アジア

調

- 成人（成年）の男子に課せられた。
- 麻布を納める庸とともに農民が都まで運んで納めた。

歴史 古代国家の歩みと東アジア

冠位十二階（の制度）

- 603年，聖徳太子が役人の位階を定めた制度。
- 冠の色や飾りで役人の地位を区別した。

歴史 古代国家の歩みと東アジア

十七条の憲法

- 604年，聖徳太子が仏教や儒教の考え方を取り入れて定めた。

一に曰く，和をもって貴しとなし，さからうことなきを宗とせよ。

（一部要約）

歴史 古代国家の歩みと東アジア

法隆寺

- 聖徳太子の時代を中心に栄えた，飛鳥文化を代表する寺院。
- 世界文化遺産に登録。

（学研）

歴史 古代国家の歩みと東アジア

大化の改新

- 645年に始められた。
- 公地・公民の方針などを示し，中央集権国家を目指した。

歴史 古代国家の歩みと東アジア

天武天皇

（631？～686年）

- 壬申の乱は天智天皇のあとつぎをめぐる戦い。
- 天皇中心の国づくりを進めた。

歴史　古代国家の歩みと東アジア　重要度

743年，新しく開墾（かいこん）した土地の永久私有を認めた法令を何という？

35

三世一身法（さんぜいっしんのほう）とまちがえないように注意！

歴史　古代国家の歩みと東アジア　重要度

開墾（かいこん）がさかんに行われてできた，貴族や寺院の私有地を何という？

36

歴史　古代国家の歩みと東アジア　重要度

国ごとに国分寺（こくぶんじ）と国分尼寺（に）を，奈良に東大寺（とうだい）をつくらせた天皇（てんのう）は誰（だれ）？

37

歴史　古代国家の歩みと東アジア　重要度

聖武天皇（しょうむてんのう）の時代を中心に栄えた奈良時代の文化を何という？

38

歴史　古代国家の歩みと東アジア　重要度

聖武天皇（しょうむてんのう）が奈良に建てた，大仏をまつった寺院を何という？

39

国分寺（こくぶんじ）や国分尼寺（に）の中心とされた寺だよ！

歴史　古代国家の歩みと東アジア　重要度

奈良（なら）時代にまとめられた，天皇（てんのう）や貴族，農民の歌が収められた歌集を何という？

40

最古の歌集として有名だよ。

歴史　古代国家の歩みと東アジア　重要度

唐（とう）の政治制度や文化を取り入れるために派遣された使節を何という？

41

飛鳥（あすか）時代から平安（へいあん）時代に派遣されたよ。

歴史　古代国家の歩みと東アジア　重要度

794年，今の京都市に都を移した天皇（てんのう）は誰（だれ）？

42

歴史　古代国家の歩みと東アジア　重要度

延暦寺（えんりゃくじ）を建てて，天台宗（てんだいしゅう）を広めた僧（そう）は誰（だれ）？

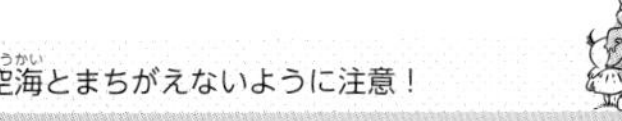

43

空海（くうかい）とまちがえないように注意！

歴史　古代国家の歩みと東アジア　重要度

金剛峯（峰）寺（こんごうぶじ）を建てて，真言宗（しんごんしゅう）を広めた僧（そう）は誰（だれ）？

44

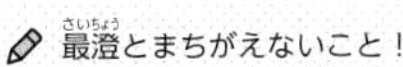

最澄（さいちょう）とまちがえないこと！

万葉集（まんようしゅう）

- 大伴家持がまとめたといわれる。
- 万葉仮名を使用。
- 右は「防人の歌」。

から衣すそに取りつき
泣く子らを
置きてぞ来ぬや母なしにして

遣唐使（けんとうし）

- 阿倍仲麻呂など，唐の高官になった者もいる。
- 894年に菅原道真の提案で停止された。

桓武天皇（かんむてんのう）

(737～806年)

- 794年に京都につくった都を平安京という。
- 新しい都で，律令政治を立て直そうとした。
- 東北地方の蝦夷に対し大軍を送り，朝廷の勢力を広げた。

最澄（さいちょう）

(767～822年)

- 唐で仏教を学ぶ。
- 比叡山に延暦寺（京都府・滋賀県）を建てた。
- 山奥での学問や修行を重んじた。

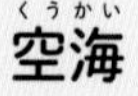

空海（くうかい）

(774～835年)

- 唐で仏教を学び，帰国後，高野山に金剛峯寺（和歌山県）を建てた。
- 山奥での学問や修行を重んじた。

墾田永年私財法（こんでんえいねんしざいのほう）

- 口分田が不足し，開墾をすすめようとして出された法令。
- これにより，公地・公民制が崩れた。
- のちに，この私有地は荘園と呼ばれるようになった。

荘園（しょうえん）

- 墾田永年私財法が出されたことによって，貴族や寺院は農民を使ってさかんに開墾を進め私有地を広げた。この私有地がのちに荘園と呼ばれた。

聖武天皇（しょうむてんのう）

(701～756年)

- 仏教の力で国を守ろうと考え，東大寺・国分寺・国分尼寺を建立。
- 東大寺に金銅の大仏をまつった。

天平文化（てんぴょうぶんか）

- 唐の文化の影響を受けた国際色豊かな文化。正倉院の宝物，『万葉集』，『古事記』など。

▲正倉院の宝物

東大寺（とうだいじ）

- 大仏づくりには僧の行基が協力。
- 東大寺の正倉院には聖武天皇が使用した道具などが収められた。

▲東大寺の大仏

歴史　古代国家の歩みと東アジア　重要度

藤原氏が摂政・関白の地位を独占して行った政治を何という？

45

歴史　古代国家の歩みと東アジア　重要度

中国の文化を基にしながら生まれた，日本の生活や風土に合った文化を何という？

46

歴史　古代国家の歩みと東アジア　重要度

紫式部が著した，光源氏を主人公とする長編小説は何？

47

歴史　古代国家の歩みと東アジア　重要度

清少納言が著した随筆は何？

48

歴史　古代国家の歩みと東アジア　重要度

藤原頼通が宇治（京都府）に建てた阿弥陀堂を何という？

49

歴史　武士のおこりと鎌倉幕府　重要度

成長した武士団の中で有力だった勢力は源氏と何氏？

50

歴史　武士のおこりと鎌倉幕府　重要度

白河天皇が位を譲り，上皇となって行った政治を何という？

51

歴史　武士のおこりと鎌倉幕府　重要度

武士として初めて太政大臣となって政治を行った人物は誰？

平氏の棟梁だった人物。

52

歴史　武士のおこりと鎌倉幕府　重要度

12世紀末に鎌倉幕府を開いた人物は誰？

53

歴史　武士のおこりと鎌倉幕府　重要度

源頼朝が国ごとに設置し，軍事・警察などにあたった役職を何という？

54

歴史 武士のおこりと鎌倉幕府

平氏

- 主に西日本に勢力を広げた。
- のちに，平清盛が武士として初めて太政大臣となり，政治の実権を握った。

歴史 武士のおこりと鎌倉幕府

院政

- 1086年，白河天皇が上皇となって始めた政治。
- 上皇やその住まいを「院」と呼んだことから，上皇が中心となって行う政治を院政という。

歴史 武士のおこりと鎌倉幕府

平清盛

(1118～1181年)

- 1159年，平治の乱で源義朝を破って勢力を広げた。
- 1167年に太政大臣となった。

歴史 武士のおこりと鎌倉幕府

源頼朝

(1147～1199年)

- 1185年，頼朝の命令で弟の源義経らが壇ノ浦の戦いで平氏を滅ぼした。
- 1192年，征夷大将軍に任命された。

歴史 武士のおこりと鎌倉幕府

守護

- 1185年，平氏の滅亡後，源頼朝は対立した弟の源義経を捕らえる口実で，守護と地頭の設置を朝廷に認めさせた。
- 国内の軍事・警察のほか，御家人の監督などを行った。

歴史 古代国家の歩みと東アジア

摂関政治

- 藤原道長・頼通のころ全盛。
- 天皇が幼いときは摂政，成人すると関白となった。

歴史 古代国家の歩みと東アジア

国風文化

- 摂関政治のころ最も栄えた。
- 仮名文字（平仮名・片仮名）がつくられ，『源氏物語』や『枕草子』，『古今和歌集』（紀貫之ら）などが生まれた。

歴史 古代国家の歩みと東アジア

源氏物語

▲源氏物語絵巻（五島美術館）

- 紫式部は宮廷に仕えていた女性。
- 11世紀の初め，仮名文字（平仮名・片仮名）を使って著された。

歴史 古代国家の歩みと東アジア

枕草子

- 清少納言は宮廷に仕えていた女性。
- 10世紀末，仮名文字（平仮名・片仮名）を使って著された。
- 宮廷での体験や自然などをするどい感覚で表現。

歴史 古代国家の歩みと東アジア

平等院鳳凰堂

（平等院）

- 浄土信仰（浄土の教え）が広まる中で建てられた。

歴史　武士のおこりと鎌倉幕府　重要度

荘園や公領ごとに置かれ，年貢の取り立てなどを行った役職を何という？

55

歴史　武士のおこりと鎌倉幕府　重要度

将軍が御家人の領地を保護したり，新たな領地を与えたりすることを何という？

56

歴史　武士のおこりと鎌倉幕府　重要度

御家人が将軍に忠誠を誓い，命がけで戦いに参加することを何という？

57

歴史　武士のおこりと鎌倉幕府　重要度

北条氏が，代々将軍を補佐する役職を独占して行った政治を何という？

58

歴史　武士のおこりと鎌倉幕府　重要度

1221年，後鳥羽上皇が鎌倉幕府をたおそうとして起こした戦いを何という？

59

北条政子は鎌倉の御家人たちに結束を訴えた。

歴史　武士のおこりと鎌倉幕府　重要度

御家人に対して裁判の基準を示すために制定したきまりを何という？

60

のちの武家法の手本とされたよ！

歴史　武士のおこりと鎌倉幕府　重要度

源平の争乱での武士の活躍を描いた軍記物を何という？

61

軍記物の最高傑作といわれるよ！

歴史　武士のおこりと鎌倉幕府　重要度

浄土宗を開いた僧は誰？

62

浄土真宗とまちがえないように注意！

歴史　武士のおこりと鎌倉幕府　重要度

浄土真宗（一向宗）を開いた僧は誰？

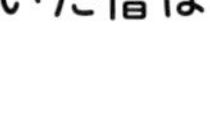

63

浄土宗と名前が似ているので注意！

歴史　武士のおこりと鎌倉幕府　重要度

法華経の題目を唱えれば，人も国も救われると説いた僧は誰？

64

歴史 武士のおこりと鎌倉幕府

御成敗式目（貞永式目）

- 1232年，第３代執権北条泰時が制定した。
- 朝廷の律令とは別の武士独自の法律。

歴史 武士のおこりと鎌倉幕府

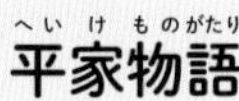

平家物語

- 琵琶法師によって語られ，文字を読めない人々にも親しまれた。

▲琵琶法師

歴史 武士のおこりと鎌倉幕府

法然

(1133〜1212年)

- 「南無阿弥陀仏」と念仏を唱えれば誰でも極楽浄土に生まれ変われると説き，浄土宗を開いた。
- 浄土宗の一派に一遍が開いた時宗がある。

歴史 武士のおこりと鎌倉幕府

親鸞

(1173〜1262年)

- 浄土宗を開いた法然の弟子。
- 阿弥陀如来の救いを信じる心があれば救われる，罪を自覚した悪人こそが救われるとして，浄土真宗を説いた。

歴史 武士のおこりと鎌倉幕府

日蓮

(1222〜1282年)

- 日蓮宗（法華宗）を開いた。
- 法華経こそが真の教えであり，「南無妙法蓮華経」と題目を唱えれば人も国も救われると説いた。

歴史 武士のおこりと鎌倉幕府

地頭

- 1185年，源頼朝が守護とともに，その設置を朝廷に認めさせた。
- 荘園や公領の管理，犯罪人の取り締まりなども行った。

歴史 武士のおこりと鎌倉幕府

御恩

- 手がらがあった御家人に対し，守護や地頭に任命することも御恩。

歴史 武士のおこりと鎌倉幕府

奉公

- 御家人が京都や鎌倉の警備をすることも奉公。
- 鎌倉時代，将軍と，将軍に従う武士である御家人は御恩と奉公の主従関係で結ばれていた。

歴史 武士のおこりと鎌倉幕府

執権政治

- 鎌倉幕府において将軍を補佐する役職を執権という。

歴史 武士のおこりと鎌倉幕府

承久の乱

- 幕府側が勝ち，支配を広げた。
- 乱のあと，京都に朝廷を監視するための六波羅探題が置かれた。

歴史　武士のおこりと鎌倉幕府　重要度

座禅によって自ら悟りを開く仏教の宗派を何という？

臨済宗や曹洞宗などがあるよ。

65

歴史　モンゴルの襲来と室町幕府　重要度

元の大軍が九州北部へ二度にわたり襲来したことを何という？

文永の役と弘安の役のことだよ。

66

歴史　モンゴルの襲来と室町幕府　重要度

苦しくなった御家人の生活を救うために幕府が出した法令を何という？

売った土地を取り戻させるなどした。

67

歴史　モンゴルの襲来と室町幕府　重要度

後醍醐天皇が始めた，天皇中心の新しい政治を何という？

公家（貴族）重視の政策を行った。

68

歴史　モンゴルの襲来と室町幕府　重要度

1338年に征夷大将軍となり，京都に室町幕府を開いた人物は誰？

69

歴史　モンゴルの襲来と室町幕府　重要度

室町幕府の全盛期を築いた，第３代将軍は誰？

花の御所に幕府を移したよ！

70

歴史　モンゴルの襲来と室町幕府　重要度

室町幕府に置かれた，将軍を補佐する役職を何という？

鎌倉幕府の執権とまちがえないように注意！

71

歴史　モンゴルの襲来と室町幕府　重要度

正式な貿易船と倭寇を区別するため，証明書が使われた貿易を何という？

足利義満が始めた朝貢形式の貿易。

72

歴史　モンゴルの襲来と室町幕府　重要度

琉球王国が行った，日本，中国，朝鮮，東南アジアとの間で産物をやり取りする貿易を何という？

73

歴史　モンゴルの襲来と室町幕府　重要度

室町時代などに，年貢などの物資を輸送した陸上の運送業者を何という？

馬で輸送した運送業者だよ。

74

歴史 モンゴルの襲来と室町幕府

足利義満

(1358～1408年)

- 1392年，約60年にわたり争っていた南朝と北朝を合一した。
- 京都の北山に金閣を建てた。

歴史  モンゴルの襲来と室町幕府

管領

- 細川氏や畠山氏などの有力な守護大名が任命された。

歴史 モンゴルの襲来と室町幕府

日明(勘合)貿易

- 足利義満が始めた日本と明(中国)との貿易。
- 使われた合札を勘合という。

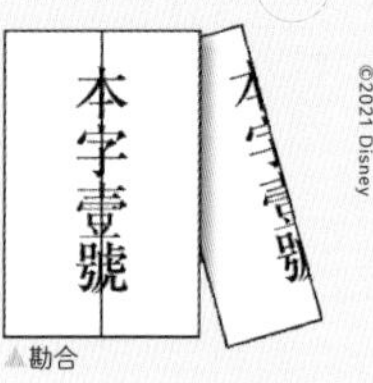

▲勘合

歴史 モンゴルの襲来と室町幕府

中継貿易

明
朝鮮
綿織物 ↓ ↑ 銅，硫黄
銅，刀剣 →
日本
銅銭，絹織物 ←
銅 刀剣 ↓ ↑ こしょう 絹織物
琉球王国
銅，こしょう →
刀剣 絹織物 ↓ ↑ こしょう
東南アジア

- 琉球王国は中継貿易で栄えた。

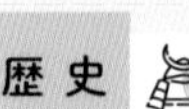  モンゴルの襲来と室町幕府

馬借

- 荷車で輸送した運送業者を車借という。
- 港町などの交通の要所では，問(問丸)という運送業をかねた倉庫業者が活躍した。

歴史 武士のおこりと鎌倉幕府

禅宗

- 臨済宗は栄西，曹洞宗は道元が開祖。
- 武士を中心に広まり，幕府の保護を受けた。

歴史  モンゴルの襲来と室町幕府

元寇(蒙古襲来)

- 元への服属要求を執権北条時宗が拒否したため，フビライ＝ハンは大軍を送った。

(菊池神社)

歴史 モンゴルの襲来と室町幕府

(永仁の)徳政令

- 幕府は1297年に永仁の徳政令を出したが，効果はあまりなく，かえって経済が混乱した。

歴史  モンゴルの襲来と室町幕府

建武の新政

- 建武の新政が崩れると，京都の北朝と吉野(奈良県)の南朝という二つの朝廷が争う南北朝時代となった。

歴史 モンゴルの襲来と室町幕府

足利尊氏

(1305～1358年)

- 武家政治の復活を目指して兵をあげ，建武の新政は崩れた。
- 北朝から征夷大将軍に任命された。

歴史　モンゴルの襲来と室町幕府　重要度

室町(むろまち)時代の商人や手工業者が同業者ごとにつくった団体を何という？

75

江戸(えど)時代の株仲間(かぶなかま)とまちがえないように！

歴史　モンゴルの襲来と室町幕府　重要度

室町(むろまち)時代に農村で有力な農民によってつくられた自治組織を何という？

76

歴史　モンゴルの襲来と室町幕府　重要度

室町(むろまち)時代に，農民が団結して起こした一揆(いっき)を何という？

77

幕府(ばくふ)に徳政令(とくせいれい)を要求するものもあった。

歴史　モンゴルの襲来と室町幕府　重要度

守護(しゅご)大名の対立に，足利義政(あしかがよしまさ)のあとつぎ争いが結びついて起きた戦乱を何という？

78

京都は焼け野原になってしまった。

歴史　モンゴルの襲来と室町幕府　重要度

下の身分の者が上の身分の者に，実力で打ち勝つ風潮を何という？

79

戦国の世の風潮だよ。

歴史　モンゴルの襲来と室町幕府　重要度

戦国(せんごく)大名が領国を治めるため，独自に制定した法律を何という？

80

歴史　モンゴルの襲来と室町幕府　重要度

観阿弥(かんあみ)・世阿弥(ぜあみ)父子によって，大成された演劇を何という？

81

歴史　モンゴルの襲来と室町幕府　重要度

たたみ・明かり障子(しょうじ)・床(とこ)の間などを取り入れた建築様式を何という？

82

禅宗(ぜんしゅう)寺院の書斎(しょさい)(書院)のつくりから発達したよ。

歴史　モンゴルの襲来と室町幕府　重要度

日本の水墨画(すいぼくが)を大成させた人物は誰(だれ)？

83

歴史　ヨーロッパ人との出会いと全国統一　重要度

ローマ教皇(きょうこう)による免罪符(めんざいふ)の販売(はんばい)への抗議(こうぎ)から始まった動きを何という？

84

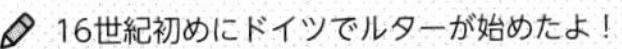
16世紀初めにドイツでルターが始めたよ！

歴史　モンゴルの襲来と室町幕府

分国法(家法)

- 領国内の武士や農民らの行動を取り締まる具体的なきまりが定められた。

(伊達氏のもの)
一　けんかをした者は，理由を問わず両方罰する。
(一部要約)

歴史　モンゴルの襲来と室町幕府

能(能楽)

- 足利義満の保護を受けた観阿弥・世阿弥父子が大成。
- 能の合間には狂言が演じられた。

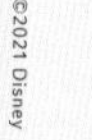

(国立能楽堂)

歴史　モンゴルの襲来と室町幕府

書院造

- 室町時代に広まる。床の間には生け花などが飾られた。
- 現代の和風建築の基になった。

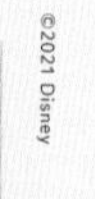
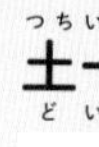

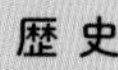
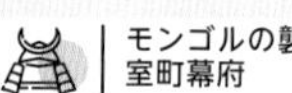
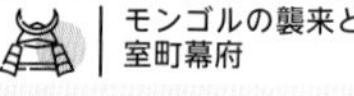
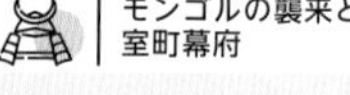

歴史　モンゴルの襲来と室町幕府

雪舟

(1420～1506年)

- 明(中国)で水墨画を学ぶ。
- 「山水長巻」,「秋冬山水図」など。

▲「秋冬山水図」　(ColBase)

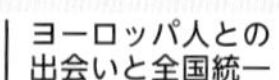

歴史　ヨーロッパ人との出会いと全国統一

宗教改革

- ドイツでルターが，スイスでカルバンが始めた。
- 改革を支持する人々はプロテスタントと呼ばれた。
- カトリック教会はイエズス会を結成して海外へ布教した。

歴史　モンゴルの襲来と室町幕府

座

- 武士や貴族，寺社などにお金(税)などを納め，営業を独占した。

歴史　モンゴルの襲来と室町幕府

惣(惣村)

- 寄合が開かれ，森林の利用や用水路の管理などについて村のおきてが定められた。

歴史　モンゴルの襲来と室町幕府

土一揆

- 金貸しの土倉や酒屋に，借金の帳消しを求めるなどした。
- 正長の土一揆など。
- 室町時代には，国一揆や一向一揆も起こった。

歴史　モンゴルの襲来と室町幕府

応仁の乱

- 1467年に始まり，京都を中心に約11年にわたって続いた。
- これ以降，約100年におよぶ戦国時代となった。

歴史　モンゴルの襲来と室町幕府

下剋上(の風潮)

- 応仁の乱をきっかけに全国に広がった。
- 多くの戦国大名が生まれた。

歴史 ヨーロッパ人との出会いと全国統一 重要度

15世紀末からヨーロッパ人が新航路を開拓していった時代を何という？

85

羅針盤の改良がこの時代を後押ししたよ。

歴史 ヨーロッパ人との出会いと全国統一 重要度

1543年，ポルトガル人によって初めて日本に伝えられた武器は何？

86

以後，戦いの様子が大きく変わったよ！

歴史 ヨーロッパ人との出会いと全国統一 重要度

1549年，鹿児島に上陸し，日本に初めてキリスト教を伝えた人物は誰？

87

スペイン人の宣教師だよ！

歴史 ヨーロッパ人との出会いと全国統一 重要度

ポルトガルやスペインと長崎や平戸(長崎県)で行われた貿易を何という？

88

日本からは主に銀を輸出したよ。

歴史 ヨーロッパ人との出会いと全国統一 重要度

第15代将軍足利義昭を追放し，室町幕府を滅ぼした人物は誰？

89

全国統一を目指した人物だよ！

歴史 ヨーロッパ人との出会いと全国統一 重要度

市での税や座の特権を廃止した政策を何という？

90

自由を意味する「楽」という字がつく政策。

歴史 ヨーロッパ人との出会いと全国統一 重要度

1590年に全国統一を達成した人物は誰？

91

歴史 ヨーロッパ人との出会いと全国統一 重要度

豊臣秀吉が，田畑の面積を調べるなどして進めた政策を何という？

92

統一したものさしやますで調べたよ！

歴史 ヨーロッパ人との出会いと全国統一 重要度

豊臣秀吉が農民や寺社から，武器を取り上げた政策を何という？

93

歴史 ヨーロッパ人との出会いと全国統一 重要度

織田信長や豊臣秀吉の時代に栄えた文化を何という？

94

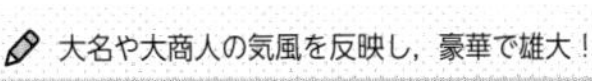

大名や大商人の気風を反映し，豪華で雄大！

楽市・楽座

- 商工業を発展させるため，誰もが自由に営業することを認めた政策。
- 織田信長が安土城下で行ったものが有名。

歴史 ヨーロッパ人との出会いと全国統一

豊臣秀吉

(1537～1598年)

（高台寺）

- 1590年，全国統一を達成する。
- 明の征服を目指し，朝鮮侵略（文禄の役，慶長の役）を行う。

歴史 ヨーロッパ人との出会いと全国統一

太閤検地

- 農民は耕作権を認められる代わりに，年貢を納める義務を負わされた。
- 荘園はなくなり，全国の土地は武士の支配下に置かれた。

歴史 ヨーロッパ人との出会いと全国統一

刀狩

- 一揆を防ぎ，農民を耕作に専念させるために行った。
- 太閤検地と刀狩によって，武士と農民の区別が明確になり兵農分離が進んだ。

歴史 ヨーロッパ人との出会いと全国統一

桃山文化

▲壮大な天守閣をもつ姫路城

- 天守閣をもつ城，唐獅子図屏風（狩野永徳）などはなやかな絵。
- 千利休がわび茶（茶道）を大成。

歴史 ヨーロッパ人との出会いと全国統一

大航海時代

- 西インド諸島に到達したコロンブスやインドに到達したバスコ=ダ=ガマ，世界一周を成しとげたマゼラン船隊などが活躍した。

歴史 ヨーロッパ人との出会いと全国統一

鉄砲

- 種子島（鹿児島県）に漂着した中国船に乗っていたポルトガル人が日本に伝えた。
- 戦国大名に注目され，各地でつくられるようになった。

歴史 ヨーロッパ人との出会いと全国統一

フランシスコ=ザビエル

(1506～1552年)

- イエズス会のスペイン人宣教師。
- 貿易の利益を期待して信者になる大名（キリシタン大名）も現れた。

歴史 ヨーロッパ人との出会いと全国統一

南蛮貿易

- 南蛮貿易によって，パンや時計，天文学や活版印刷術などが伝わり，ヨーロッパ風の衣服などが流行した。
- ヨーロッパの影響を受けた文化を南蛮文化という。

歴史 ヨーロッパ人との出会いと全国統一

織田信長

(1534～1582年)

（長興寺）

- 尾張（愛知県）の戦国大名。
- 鉄砲を活用し長篠の戦いで勝利。
- 安土城を築き全国統一を目指す。

歴史　江戸幕府の成立と鎖国　重要度

1603年に，江戸幕府を開いた人物は誰？

95

関ヶ原の戦いに勝った人物だよ！

歴史　江戸幕府の成立と鎖国　重要度

幕府と藩が全国の土地と人民を統治する政治体制を何という？

96

藩は大名の領地とその支配のしくみ。

歴史　江戸幕府の成立と鎖国　重要度

江戸幕府が大名を統制するために出した法律を何という？

97

歴史　江戸幕府の成立と鎖国　重要度

大名に，江戸と領地を１年おきに行き来させた制度を何という？

98

第３代将軍徳川家光が制度化。

歴史　江戸幕府の成立と鎖国　重要度

朱印状を与えられた日本の商船が行った貿易を何という？

99

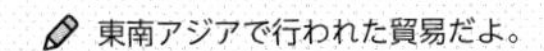

東南アジアで行われた貿易だよ。

歴史　江戸幕府の成立と鎖国　重要度

1637年に，キリスト教徒への迫害などに対して九州地方の人々が起こした一揆を何という？

100

歴史　江戸幕府の成立と鎖国　重要度

江戸幕府が行った，外国との貿易を規制した政策を何という？

101

歴史　江戸幕府の成立と鎖国　重要度

長崎港内につくられた扇形の人工島を何という？

102

オランダとの貿易が許されたところだよ！

歴史　江戸幕府の成立と鎖国　重要度

江戸幕府の将軍が代わるたびに，朝鮮から派遣された使節を何という？

103

歴史　産業の発達と幕府政治の展開　重要度

朱子学を奨励し，学問を重視する政治を行った第５代将軍は誰？

104

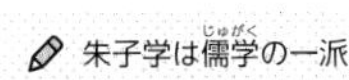

朱子学は儒学の一派。

歴史　江戸幕府の成立と鎖国

島原・天草一揆

- 天草四郎（益田時貞）を大将として起こした。
- 幕府は約12万人の大軍を派遣して鎮圧した。

歴史　江戸幕府の成立と鎖国

徳川家康
（1542～1616年）

- 1600年，関ヶ原の戦いに勝利し，1603年に征夷大将軍に任命されて江戸幕府を開いた。

（臨済寺）

歴史 　江戸幕府の成立と鎖国

鎖国

- 鎖国下では中国・オランダと長崎で貿易が行われた。
- 幕府は海外の情報を独占した。

歴史　江戸幕府の成立と鎖国

幕藩体制

- 江戸時代にみられた政治体制。
- 藩は幕府から領内の政治を任されていた。

歴史　江戸幕府の成立と鎖国

出島

- 1641年に平戸からオランダ商館が移され，貿易が行われた。

（長崎歴史文化博物館）

歴史　江戸幕府の成立と鎖国

武家諸法度

- 大名の築城や結婚などに規制を設けた。
- 将軍の代がわりごとに出され，第３代将軍徳川家光のときに参勤交代を制度化。

歴史 　江戸幕府の成立と鎖国

朝鮮通信使（通信使）

- 豊臣秀吉の朝鮮侵略以来とぎれていた朝鮮との国交は，対馬藩（長崎県）の宗氏の仲立ちで回復した。
- 朝鮮との貿易は対馬藩を通して行われた。

歴史　江戸幕府の成立と鎖国

参勤交代

- とくに外様大名は往復や江戸での生活に多くの費用がかかり，経済的負担が大きかった。

武家諸法度
（1635年に家光が出したもの）
一，大名は領地と江戸に交代で住み，毎年四月中に参勤せよ。　（一部要約）

歴史 　産業の発達と幕府政治の展開

徳川綱吉
（1646～1709年）

- 武力ではなく，学問を重視する政治を文治政治という。
- 動物愛護の生類憐みの令を出した。
- 質の悪い貨幣を大量に発行し，物価の上昇を招いた。

歴史 　江戸幕府の成立と鎖国

朱印船貿易

- 江戸時代の初めに徳川家康は，海外への渡航を許す朱印状を発行し，貿易をすすめた。
- 東南アジアに多くの日本人が移住し，日本町ができた。

歴史　産業の発達と幕府政治の展開　重要度

江戸幕府の許可を得て営業を独占した商人の同業者組合を何という？

105

「座」とまちがえないように注意！

歴史　産業の発達と幕府政治の展開　重要度

諸藩が大阪に設けた，年貢米や特産物の販売や保管を行った倉庫を何という？

106

歴史　産業の発達と幕府政治の展開　重要度

17世紀末～18世紀初め，上方中心に栄えた町人文化を何という？

107

第5代将軍徳川綱吉のころの文化だよ！

歴史　産業の発達と幕府政治の展開　重要度

俳諧（俳句）を和歌と対等の芸術に高めた人物は誰？

108

歴史　産業の発達と幕府政治の展開　重要度

町人の風俗を美しく描く浮世絵を始め，浮世絵の祖となった人物は誰？

109

歴史　産業の発達と幕府政治の展開　重要度

享保の改革を行った第８代将軍は誰？

110

歴史　産業の発達と幕府政治の展開　重要度

農民らが，年貢の軽減などを求めて集団で起こした行動を何という？

111

「打ちこわし」とまちがえないように注意！

歴史　産業の発達と幕府政治の展開　重要度

労働者を工場に集め，分業で製品をつくる生産方法を何という？

112

歴史　産業の発達と幕府政治の展開　重要度

大商人の豊かな経済力を利用した積極的な産業政策を行った老中は誰？

113

株仲間の結成を奨励した人物だよ！

歴史　産業の発達と幕府政治の展開　重要度

寛政の改革を行った老中は誰？

114

歴 史 | 産業の発達と幕府政治の展開

徳川吉宗
(1684～1751年)

▶享保の改革で公事方御定書の制定，目安箱の設置，上げ米の制などを行った。

歴 史  | 産業の発達と幕府政治の展開

百姓一揆

▶団結した百姓たちが，集団で城下に押しかけて，年貢の軽減のほか，不正を働く代官の交代などを要求した。
▶都市部では，米を買い占めた商人を襲う打ちこわしが多発した。

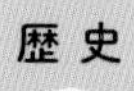  | 産業の発達と幕府政治の展開

工場制手工業
(マニュファクチュア)

▶問屋制家内工業から発達した。
▶近代工業発展の基礎になった。

(愛知県図書館)
▲工場制手工業の様子

歴 史 | 産業の発達と幕府政治の展開

田沼意次
(1719～1788年)

▶商工業者が株仲間を結成することを奨励し，特権を与えるかわりに営業税をとった。
▶天明のききんが起き，百姓一揆などが急増して失脚。

歴 史  | 産業の発達と幕府政治の展開

松平定信
(1758～1829年)

▶朱子学以外の講義の禁止，旗本・御家人の借金の帳消しなどを行った。

歴 史 | 産業の発達と幕府政治の展開

株仲間

▶幕府や藩に営業税を納めて営業の独占を許可され，大きな利益を上げた。

歴 史  | 産業の発達と幕府政治の展開

蔵屋敷

▶全国から年貢米や特産物が運び込まれた大阪は商業の中心となり，「天下の台所」と呼ばれた。

歴 史 | 産業の発達と幕府政治の展開

元禄文化

▶第５代将軍徳川綱吉のころ，京都や大阪など上方で栄えた。明るく活気に満ちた町人文化。
▶経済力をもった町人が担い手の新しい文化。

歴 史  | 産業の発達と幕府政治の展開

松尾芭蕉
(1644～1694年)

▶元禄文化を代表する俳人。
▶東北地方などへの旅をもとに俳諧紀行文の『奥の細道』を著した。

歴 史  | 産業の発達と幕府政治の展開

菱川師宣
(1618～1694年)

▶代表作に「見返り美人図」など。
▶浮世絵は木版画で刷られ，民衆にも広まった。

歴史　産業の発達と幕府政治の展開　重要度

町や農村に開かれた，町人や百姓の子どものための教育施設を何という？

115

✎「読み・書き・そろばん」などを教えたよ！

歴史　産業の発達と幕府政治の展開　重要度

仏教や儒教が伝わる前の日本人の精神を明らかにする学問を何という？

116

歴史　産業の発達と幕府政治の展開　重要度

オランダ語を通してヨーロッパの学問や文化を学ぶ学問を何という？

117

歴史　産業の発達と幕府政治の展開　重要度

日本全国を歩いて測量し，正確な日本地図をつくった人物は誰？

118

歴史　産業の発達と幕府政治の展開　重要度

19世紀前半，江戸を中心に栄えた町人文化を何という？

119

✎上方で栄えた元禄文化とまちがえないように！

歴史　産業の発達と幕府政治の展開　重要度

「富嶽三十六景」を描いた化政文化を代表する浮世絵師は誰？

120

✎歌川広重とまちがえないように注意！

歴史　産業の発達と幕府政治の展開　重要度

「東海道五十三次」を描いた化政文化を代表する浮世絵師は誰？

121

✎葛飾北斎とまちがえないように注意！

歴史　産業の発達と幕府政治の展開　重要度

1825年に出された，日本に近づく外国船の撃退を命じた法令を何という？

122

歴史　産業の発達と幕府政治の展開　重要度

1837年，ききんで苦しむ人々のために大阪で乱を起こした人物は誰？

123

歴史　産業の発達と幕府政治の展開　重要度

天保の改革を行った老中は誰？

124

歴史 産業の発達と幕府政治の展開

葛飾北斎
(1760～1849年)

▲「富嶽三十六景」凱風快晴

- 風景画に優れた作品を残した。
- 「富嶽三十六景」など。

歴史 産業の発達と幕府政治の展開

歌川広重(安藤広重)
(1797～1858年)

▲「東海道五十三次」蒲原宿

- 風景画に優れた作品を残した。
- 「東海道五十三次」など。

歴史 産業の発達と幕府政治の展開

異国船打払令

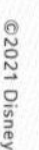

- 1837年に，アメリカの商船モリソン号を砲撃するモリソン号事件が起こった。この事件を批判した渡辺崋山や高野長英は厳しく処罰された(蛮社の獄)。

歴史 産業の発達と幕府政治の展開

大塩平八郎
(1793～1837年)

- 大阪町奉行所の元役人。天保のききんでの奉行所などの対応に不満をもち，乱を起こした。
- 元役人の反乱は，幕府に大きな衝撃を与えた。

歴史 産業の発達と幕府政治の展開

水野忠邦
(1794～1851年)

- 営業を独占する株仲間を解散。
- 江戸や大阪周辺を幕領にしようとして強い反対にあい，失敗。

歴史 産業の発達と幕府政治の展開

寺子屋

▲寺子屋の様子(田原市博物館)

- 「読み・書き・そろばん」など実用的な知識を教えた。

歴史 産業の発達と幕府政治の展開

国学

- 18世紀後半本居宣長が『古事記伝』を著して大成した。
- 天皇を尊ぶ思想と結びつき，幕末(江戸時代末期)の尊王攘夷運動に影響を与えた。

歴史 産業の発達と幕府政治の展開

蘭学

▲『解体新書』扉絵

- 杉田玄白らが『解体新書』を出版して基礎を築いた。

歴史 産業の発達と幕府政治の展開

伊能忠敬
(1745～1818年)

- ヨーロッパの測量術や天文学などを学び，全国の沿岸を測量した。
- 正確な日本地図をつくった。

歴史 産業の発達と幕府政治の展開

化政文化

- 町人を担い手とする文化。
- 幕府政治や世の中を風刺する川柳や狂歌が流行。

歴史　欧米の進出と日本の開国　重要度

1688年，イギリスの議会が国王を追放し，新国王を迎(むか)えた革命を何という？

125

血を流すことなく行われた革命だった！

歴史　欧米の進出と日本の開国　重要度

イギリスに対して独立戦争を起こした人々が発表した宣言を何という？

126

アメリカ独立戦争中に出されたよ。

歴史　欧米の進出と日本の開国　重要度

絶対王政に対する市民の不満が爆発し，1789年にフランスで始まった革命を何という？

127

絶対王政は国王が強い権力を握(にぎ)って行う政治。

歴史　欧米の進出と日本の開国　重要度

フランス革命が始まった1789年に国民議会が発表した宣言を何という？

128

アメリカ独立宣言とまちがえないで！

歴史　欧米の進出と日本の開国　重要度

機械の改良や発明に伴(ともな)って，産業や社会のしくみが大きく変化したできごとを何という？

129

18世紀後半イギリスの綿工業から始まった。

歴史　欧米の進出と日本の開国　重要度

1840年に起こったイギリスと清(しん)の戦争を何という？

130

アヘンの密輸をめぐって起きた戦争だよ。

歴史　欧米の進出と日本の開国　重要度

南北戦争で北部を指導した，第16代アメリカ大統領は誰(だれ)？

131

歴史　欧米の進出と日本の開国　重要度

1854年に江戸(えど)幕府がアメリカのペリーと結んだ条約を何という？

132

下田(しもだ)と函館(はこだて)を開港したよ。

歴史　欧米の進出と日本の開国　重要度

1858年に，大老(たいろう)井伊直弼(いいなおすけ)がアメリカとの間で結んだ条約を何という？

133

朝廷(ちょうてい)の許可を得ず締結(ていけつ)したよ。

歴史　欧米の進出と日本の開国　重要度

罪を犯した外国人を，その国の領事が自分の国の法律で裁判できる権利を何という？

134

歴史 欧米の進出と日本の開国

アヘン戦争

（東洋文庫）

- 勝利したイギリスは南京(ナンキン)条約により，香港(ホンコン)や多額の賠償金(ばいしょうきん)を得た。

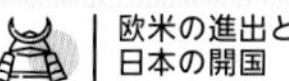
歴史 欧米の進出と日本の開国

リンカン（リンカーン）

（1809～1865年）

- 南北戦争中，奴隷(どれい)解放宣言を発表し，北部を勝利に導いた。
- 「人民の，人民による，人民のための政治」を訴(うった)えた演説は有名。

歴史 欧米の進出と日本の開国

日米和親条約

- 江戸(えど)幕府はアメリカ船に水や燃料，食料を供給することを認めた。

歴史 欧米の進出と日本の開国

日米修好通商条約

- 日米修好通商条約では下田(しもだ)は閉鎖(へいさ)され，函館(はこだて)・新潟・神奈川（横浜(よこはま)）・兵庫（神戸(こうべ)）・長崎の５港が開かれた。
- アメリカの領事裁判権を認め，日本に関税自主権がなかった。

歴史 欧米の進出と日本の開国

領事裁判権（治外法権）

- アメリカなどと結んだ修好通商条約では，日本は相手国の領事裁判権（治外法権）を認めていた。
- 1894年に陸奥宗光(むつむねみつ)が撤廃(てっぱい)に成功した。

歴史 欧米の進出と日本の開国

名誉(めいよ)革命

- 専制政治を行おうとする国王を追放した近代（市民）革命。
- 議会を尊重する国王を迎(むか)えて「権利（の）章典」が制定され，立憲君主制と議会政治が確立した。

歴史 欧米の進出と日本の開国

（アメリカ）独立宣言(どくりつせんげん)

- 1776年に出された。
- アメリカ合衆国は，1783年に独立を達成した。

歴史 欧米の進出と日本の開国

フランス革命

- バスチーユ牢獄(ろうごく)の襲撃(しゅうげき)をきっかけに始まった。
- 革命中，人権宣言が発表され，共和政となった。
- 1804年にナポレオンが皇帝(こうてい)に即位した。

歴史 欧米の進出と日本の開国

人権宣言(じんけんせんげん)

- 主権の源は本来国民の中にあると唱え，近代の人権確立の基礎(きそ)となった。

歴史 欧米の進出と日本の開国

産業革命(さんぎょうかくめい)

- 資本主義という新しい経済のしくみが広まった。
- 多くの社会問題も発生し，社会主義の考えが芽生えた。

歴史 | 欧米の進出と日本の開国 | 重要度

輸出入品にかける関税の率を自分の国で決める権利を何という？

135

✏ 領事裁判権とまちがえないよう注意！

歴史 | 欧米の進出と日本の開国 | 重要度

坂本龍馬(さかもとりょうま)らの仲介(ちゅうかい)で結んだ薩摩藩(さつまはん)と長州藩(ちょうしゅう)の同盟を何という？

136

✏ 両藩はやがて倒幕(とうばく)を目指したよ。

歴史 | 欧米の進出と日本の開国 | 重要度

第15代将軍徳川慶喜(しょうぐんとくがわよしのぶ)が，政権を朝廷(ちょうてい)に返したことを何という？

137

歴史 | 欧米の進出と日本の開国 | 重要度

大政奉還(たいせいほうかん)に対して，天皇(てんのう)中心の新政府の成立を宣言したものを何という？

138

歴史 | 明治維新 | 重要度

1868年に明治(めいじ)新政府が示した新しい政治の方針を何という？

139

✏ 五つのきめごとだよ！

歴史 | 明治維新 | 重要度

藩(はん)を廃止(はいし)して府・県を置き，府知事・県令を派遣(はけん)した政策を何という？

140

✏ 中央集権国家の建設が目的。

歴史 | 明治維新 | 重要度

1872年に公布された，満６歳(さい)以上の男女に小学校に通わせることを定めた法令を何という？

141

歴史 | 明治維新 | 重要度

1873年，国民による近代的な軍隊をつくるために出された法令を何という？

142

歴史 | 明治維新 | 重要度

土地の所有者に地価の3％の地租(ちそ)を現金で納めさせた政策を何という？

143

✏ 地券を発行したよ。

歴史 | 明治維新 | 重要度

明治(めいじ)政府が近代産業の育成を目指して進めた政策を何という？

144

歴史　明治維新

廃藩置県

- 大名に土地(版)と人民(籍)を天皇に返させる版籍奉還(1869年)後の1871年に行われた。
- 以後，政府が全国を直接支配するようになった。

歴史　明治維新

学制

- 学制は，徴兵令，地租改正とともに明治維新の三大改革に含まれる。
- 授業料は各家庭が負担した。

歴史　明治維新

徴兵令

- 満20歳になった男子に，士族・平民にかかわらず兵役の義務を負わせた。
- 国民の負担が増えるため，各地で反対一揆が起こった。

歴史　明治維新

地租改正

- 国家財政を安定させるために1873年から実施。
- 地租改正反対の一揆が起こった。

歴史　明治維新

殖産興業(政策)

- 富国強兵の「富国」を実現するために進めた。
- 官営模範工場の建設(富岡製糸場など)・鉄道開通(新橋-横浜間)・郵便制度の整備など。

歴史　欧米の進出と日本の開国

関税自主権

- アメリカなどと結んだ修好通商条約では，日本に関税自主権がなかった。
- 1911年，小村寿太郎が完全回復に成功した。

歴史　欧米の進出と日本の開国

薩長同盟

- 1866年に，攘夷の難しさを悟った薩摩藩(鹿児島県)と長州藩(山口県)が結んだ。

歴史　欧米の進出と日本の開国

大政奉還

- 徳川慶喜は新政府で主導権を握ろうとしたが，王政復古の大号令が出され，実現しなかった。

(聖徳記念絵画館)

歴史　欧米の進出と日本の開国

王政復古の大号令

- 1867年に出された。
- 1868年，新政府に不満をもつ旧幕府軍が戊辰戦争を起こすが，翌年函館(北海道)で降伏した。

歴史　明治維新

五箇条の御誓文

- 会議を開いて世論に基づく政治を行うことなどが定められた。

五箇条の御誓文
一、広ク会議ヲ興シ万機公論ニ決スベシ
(一部要約)

歴史 明治維新 重要度

欧米文化が取り入れられ，社会が変化し始めた風潮を何という？

145

歴史 明治維新 重要度

明治時代初期に，『学問のすゝめ』を著した人物は誰？

146

歴史 明治維新 重要度

条約改正の交渉などのために欧米に派遣された使節団を何という？

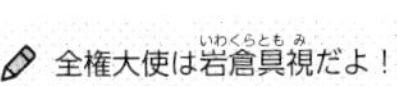

✎ 全権大使は岩倉具視だよ！

147

歴史 明治維新 重要度

朝鮮を武力で開国させようとする主張を何という？

✎ 西郷隆盛や板垣退助らが主張した。

148

歴史 明治維新 重要度

北海道の開拓と防備のために派遣された農業兼業の兵士を何という？

149

歴史 明治維新 重要度

国会を開き国民を政治に参加させるべきだと主張した運動を何という？

✎ 板垣退助が中心となった！

150

歴史 明治維新 重要度

自由民権運動の口火を切り，立志社を結成した人物は誰？

✎ のちに自由党を結成した人物だよ。

151

歴史 明治維新 重要度

西郷隆盛を中心として鹿児島の士族らが起こした反乱を何という？

152

歴史 明治維新 重要度

立憲改進党の党首となった人物は誰？

✎ 板垣退助とまちがえないように注意！

153

歴史 明治維新 重要度

大日本帝国憲法の草案づくりの中心となった人物は誰？

✎ 初代内閣総理大臣（首相）になった人物！

154

歴史　明治維新

自由民権運動

- 1874年，民撰議院設立の建白書提出が口火。
- 憲法制定，国民の政治参加などを主張。

歴史　明治維新

板垣退助

(1837〜1919年)

- 1874年，民撰議院設立の建白書を提出し，国会開設などを要求。

歴史　明治維新

西南戦争

- 明治維新の改革に不満をもつ士族らによる反乱。
- 徴兵制によってつくられた政府軍が鎮圧。
- 以後，政治批判は言論が中心となる。

歴史　明治維新

大隈重信

(1838〜1922年)

- 1882年，立憲改進党を結成し，党首となる。

歴史　明治維新

伊藤博文

(1841〜1909年)

- 君主権が強いドイツの憲法を学び，大日本帝国憲法の草案を作成。
- 初代内閣総理大臣となる。

歴史　明治維新

文明開化

▲明治時代初めの東京銀座

- 都市ではれんがづくりの建物，ガス灯，人力車などがみられた。
- 太陰暦に代わり太陽暦を採用。

歴史　明治維新

福沢諭吉

(1834〜1901年)

- 『学問のすゝめ』で人間の自由や権利，平等主義を説き，欧米の思想を紹介した。
- 中江兆民はルソーの思想を紹介した。

歴史　明治維新

岩倉使節団

- 全権大使は岩倉具視，副使に木戸孝允，大久保利通など。
- 不平等条約の改正交渉は失敗。欧米の政治や産業・文化を体験し，国力の充実の必要性を痛感して帰国。

歴史　明治維新

征韓論

- 岩倉具視・大久保利通らは国力の充実が先だと反対し，西郷隆盛・板垣退助らは政府を去った。
- 1876年に政府は日朝修好条規を結び，朝鮮を開国させた。

歴史　明治維新

屯田兵

- 1869年に蝦夷地を北海道と改称。開拓使が置かれ，屯田兵による開拓を実施。
- 先住民族のアイヌの人々は土地や漁場などを奪われた。

歴史　明治維新　重要度

1889年，天皇が国民に与える形で発布された憲法を何という？

155

日本国憲法との違いを押さえよう！

歴史　明治維新　重要度

忠君愛国の道徳を，教育の柱とする方針を示したものを何という？

156

歴史　日清・日露戦争と日本の産業革命　重要度

1894年，領事裁判権(治外法権)の撤廃に成功した外務大臣は誰？

157

歴史　日清・日露戦争と日本の産業革命　重要度

1894年に始まった，日本と中国との戦争を何という？

158

甲午農民戦争がきっかけで開戦した。

歴史　日清・日露戦争と日本の産業革命　重要度

1895年に結ばれた，日清戦争の講和条約を何という？

159

山口県の都市で結ばれた。

歴史　日清・日露戦争と日本の産業革命　重要度

ロシアなどが遼東半島を清に返還することを日本に要求したことを何という？

160

ロシア，フランス，ドイツの三国からの要求。

歴史　日清・日露戦争と日本の産業革命　重要度

「扶清滅洋」を唱える人々の蜂起を，日本などの連合軍が鎮圧した事件を何という？

161

1899～1900年に起こったよ。

歴史　日清・日露戦争と日本の産業革命　重要度

1902年，ロシアに対抗するために日本とイギリスが結んだ同盟を何という？

162

イギリスは漢字で「英国」と表すよ。

歴史　日清・日露戦争と日本の産業革命　重要度

1904年，日本とロシアとの間で始まった戦争を何という？

163

歴史　日清・日露戦争と日本の産業革命　重要度

1905年，アメリカの仲介で結ばれた日露戦争の講和条約を何という？

164

日清戦争の講和条約は下関条約だよ。

歴史　日清・日露戦争と日本の産業革命

三国干渉

- これにより日本は下関条約で獲得した遼東半島を清へ返還した。
- 以後，国民の間でロシアへの対抗心が高まった。

歴史　日清・日露戦争と日本の産業革命

義和団事件

- 「扶清滅洋」は清を扶けて外国勢力を排除するという意味。
- 義和団という組織が北京の外国公使館を取り囲み，清が列強に宣戦布告した。

歴史　日清・日露戦争と日本の産業革命

日英同盟

- ロシアと対立している日本とイギリスの利害が一致したことから結ばれた軍事同盟。

歴史　日清・日露戦争と日本の産業革命

日露戦争

- 戦争中，日本は戦費などが不足し，ロシアでは革命運動が発生→戦争の継続が困難に。
- 1905年，講和会議が開かれ，ポーツマス条約が結ばれる。

歴史　日清・日露戦争と日本の産業革命

ポーツマス条約

- ロシアは韓国における日本の優越権を認め，日本は樺太の南半分や南満州鉄道の利権などを得る。
- 賠償金はなく，日本国内では講和反対の暴動が起きた。

歴史　明治維新

大日本帝国憲法

- 天皇が国の元首として統治すると定め，軍隊の指揮，条約の締結などを天皇の権限として明記。
- 国民は「臣民」とされ，法律の範囲内で権利を認められた。

歴史　明治維新

教育勅語

- 憲法発布の翌年の1890年に出された。
- 国民の精神的，道徳的なよりどころとされた。

歴史  日清・日露戦争と日本の産業革命

陸奥宗光

(1844～1897年)

- 日清戦争の直前に領事裁判権(治外法権)の撤廃に成功。
- 関税自主権は1911年に小村寿太郎によって完全回復。
- 不平等条約の改正で，日本は欧米諸国と対等になった。

歴史　日清・日露戦争と日本の産業革命

日清戦争

- 朝鮮の利権をめぐる対立から起こり，日本が勝利した。
- 翌年，下関条約が結ばれた。

（聖徳記念絵画館）

歴史  日清・日露戦争と日本の産業革命

下関条約

- 清(中国)は朝鮮の独立を認め，日本に対し，多額の賠償金を支払い，遼東半島や台湾などを譲りわたすことなどが決められた。

歴史 日清・日露戦争と日本の産業革命 重要度

1910年，日本が韓国(かんこく)を植民地にしたことを何という？

165

歴史 日清・日露戦争と日本の産業革命 重要度

1911年に起こり，翌年に中華民国(ちゅうかみんこく)を成立させた革命を何という？

166

歴史 日清・日露戦争と日本の産業革命 重要度

孫文(そんぶん／スンウェン)が唱えた革命の指導的な理論を何という？

167

民族・民権・民生主義を唱えた！

歴史 日清・日露戦争と日本の産業革命 重要度

北九州(きたきゅうしゅう)(福岡県)に建設され，1901年から操業を始めた工場を何という？

168

日本の重工業発展を支えた！

歴史 日清・日露戦争と日本の産業革命 重要度

日本の経済界を支配していた資本家グループを何という？

169

三井(みつい)や三菱(みつびし)など。

歴史 日清・日露戦争と日本の産業革命 重要度

『たけくらべ』を著(あらわ)した文学者は誰(だれ)？

170

歴史 日清・日露戦争と日本の産業革命 重要度

『吾輩(わがはい)は猫(ねこ)である』や『坊(ぼ)っちゃん』を著(あらわ)した文学者は誰(だれ)？

171

歴史 日清・日露戦争と日本の産業革命 重要度

黄熱病(おうねつびょう)の世界的な研究をした人物は誰(だれ)？

172

アフリカで黄熱病に感染(かんせん)して亡くなった。

歴史 第一次世界大戦と日本 重要度

1882年，ドイツ·オーストリア·イタリアが結んだ同盟を何という？

173

歴史 第一次世界大戦と日本 重要度

三国同盟と対立したイギリス·フランス·ロシアの協商を何という？

174

歴史　日清・日露戦争と日本の産業革命

樋口一葉（ひぐちいちよう）

(1872～1896年)

- 明治時代の文学者。
- 代表作は『たけくらべ』,『にごりえ』など。

歴史　日清・日露戦争と日本の産業革命

夏目漱石（なつめそうせき）

(1867～1916年)

- 明治～大正時代の文学者。
- 代表作は『吾輩は猫である』,『坊っちゃん』,『こころ』など。

歴史　日清・日露戦争と日本の産業革命

野口英世（のぐちひでよ）

(1876～1928年)

（公益財団法人 野口英世記念会）

- 細菌学の世界的な研究を行う。

歴史　第一次世界大戦と日本

三国同盟

- イギリス・フランス・ロシアの三国協商と激しく対立し，第一次世界大戦へ発展した。

歴史　第一次世界大戦と日本

三国協商

- ドイツ・オーストリア・イタリアの三国同盟と激しく対立し，第一次世界大戦へ発展した。

歴史　日清・日露戦争と日本の産業革命

韓国併合（かんこくへいごう）

- 日本は朝鮮総督府を置き，軍事力を背景に植民地支配を進めた。
- 植民地支配は1945年の日本の敗戦まで続いた。

歴史　日清・日露戦争と日本の産業革命

辛亥革命（しんがい）

- 中国で軍隊の反乱をきっかけに革命運動が広がる。
- 1912年，孫文を臨時大総統として中華民国が建国され，清は滅亡。

歴史　日清・日露戦争と日本の産業革命

三民主義（さんみんしゅぎ）

- 民族主義（民族の独立），民権主義（国民の政治参加），民生主義（民衆の生活の安定）の3つ。

▲孫文(1866～1925年)

歴史　日清・日露戦争と日本の産業革命

八幡製鉄所（やはたせいてつじょ）

- 日清戦争の賠償金の一部を基に建設。
- 中国から輸入した鉄鉱石と九州北部（筑豊）の石炭を使い，鉄鋼の自給を目指す。日本の重工業発展の基礎。

歴史　日清・日露戦争と日本の産業革命

財閥（ざいばつ）

- 三井，三菱，住友，安田など。
- 金融，貿易，鉱業など，さまざまな業種に進出。
- やがて政治にも力をおよぼすようになる。

歴史 第一次世界大戦と日本 重要度

1914年，ヨーロッパで始まった戦争を何という？

175

日本は日英同盟を理由に連合国側で参戦。

歴史 第一次世界大戦と日本 重要度

第一次世界大戦中の1915年，日本が中国に示した要求を何という？

176

南満州での日本の利権の拡大を要求した。

歴史 第一次世界大戦と日本 重要度

ロシアで，世界で最初の社会主義政府ができた革命を何という？

177

1917年，レーニンが指導した。

歴史 第一次世界大戦と日本 重要度

社会主義の広がりを恐れてロシア革命に干渉し，列強が軍を派遣したできごとを何という？

178

1918年に起こった。

歴史 第一次世界大戦と日本 重要度

1919年に調印された，第一次世界大戦の講和条約を何という？

179

歴史 第一次世界大戦と日本 重要度

1920年に発足した，世界平和と国際協調のための組織を何という？

180

国際連合とまちがえないこと！

歴史 第一次世界大戦と日本 重要度

1921～1922年にアメリカで開かれた，海軍軍縮などが決められた国際会議を何という？

181

歴史 第一次世界大戦と日本 重要度

1919年に朝鮮で起こった日本からの独立を求める運動を何という？

182

3月1日に起こった。

歴史 第一次世界大戦と日本 重要度

1919年に中国で起こった反日運動から発展した運動を何という？

183

反日運動から，帝国主義に反対する運動へ発展。

歴史 第一次世界大戦と日本 重要度

非暴力・不服従の方針でインドの独立運動を指導した人物は誰？

184

歴史 第一次世界大戦と日本

国際連盟

- アメリカのウィルソン大統領の提案で設立。
- 本部はジュネーブ(スイス)。新渡戸稲造が事務次長。
- アメリカは議会の反対で加盟しなかった。

歴史 第一次世界大戦と日本

ワシントン会議

- 列強の海軍の軍備制限(ワシントン海軍軍縮条約)，中国の独立と領土保全，日英同盟の解消なども決められた。

歴史 第一次世界大戦と日本

三・一独立運動

- 1919年3月1日，ソウル(京城)で日本からの独立が宣言され，朝鮮全土に広がった。
- 武力で鎮圧されるが，独立運動は以後も続いた。

歴史 第一次世界大戦と日本

五・四運動

- パリ講和会議で，二十一か条の要求の取り消しが認められなかったことから始まった。

歴史 第一次世界大戦と日本

ガンディー

(1869～1948年)

- 第一次世界大戦後，イギリスの植民地であったインドで，完全な自治を求めた。
- 自ら糸をつむぎ，インドの綿製品の着用を呼びかけた。

歴史 第一次世界大戦と日本

第一次世界大戦

- 1914年，サラエボでのオーストリアの皇位継承者夫妻の暗殺がきっかけで開戦。1918年，ドイツが降伏して終わる。
- 日本は日英同盟を理由に，連合国(協商国)側で参戦。

歴史 第一次世界大戦と日本

二十一か条の要求

- 第一次世界大戦で欧米列強がアジアへの関心を弱めたことを機に行った。
- 軍事力を背景に大部分を認めさせた。

歴史 第一次世界大戦と日本

ロシア革命

- 連合国による干渉戦争(シベリア出兵)に勝利し，1922年，ソビエト社会主義共和国連邦(ソ連)が成立。

▲演説するレーニン

(日本ロシア語情報図書館)

歴史 第一次世界大戦と日本

シベリア出兵

- 日本も出兵した。
- 1922年にソビエト社会主義共和国連邦(ソ連)が成立。

歴史 第一次世界大戦と日本

ベルサイユ条約

- 1919年，パリ講和会議で結ばれる。
- ドイツは植民地を失い，巨額の賠償金などを課される。

歴史 第一次世界大戦と日本 重要度

普通選挙によって国民の意思を反映した政治の実現を唱えた吉野作造の主張を何という？

185

歴史 第一次世界大戦と日本 重要度

大正時代に高まった民主主義を求める風潮を何という？

186

歴史 第一次世界大戦と日本 重要度

部落差別からの解放を目指す人々が1922年に京都で結成した組織を何という？

187

歴史 第一次世界大戦と日本 重要度

女性差別からの解放を目指して青鞜社を設立した人物は誰？

188

歴史 第一次世界大戦と日本 重要度

富山県から全国に広がった米の安売りを求める運動を何という？

1918年に起こった。

189

歴史 第一次世界大戦と日本 重要度

1918年に，初めての本格的な政党内閣を組織した内閣総理大臣は誰？

当時，立憲政友会の総裁だった人物だよ。

190

歴史 第一次世界大戦と日本 重要度

1925年に制定された，社会主義の動きなどを取り締まる法律を何という？

191

歴史 第一次世界大戦と日本 重要度

1925年に制定された，満25歳以上のすべての男子に選挙権を与えた法律を何という？

治安維持法と同年に制定されたよ。

192

歴史 世界恐慌と第二次世界大戦 重要度

1929年，アメリカ合衆国から始まった世界的な不景気を何という？

193

歴史 世界恐慌と第二次世界大戦 重要度

アメリカ合衆国で行われた世界恐慌への対策を何という？

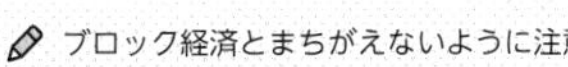

ブロック経済とまちがえないように注意！

194

歴史 第一次世界大戦と日本

原敬

(1856〜1921年)

- この内閣は陸軍・海軍・外務大臣以外の大臣はすべて衆議院第一党の立憲政友会の党員で組織された。

歴史 第一次世界大戦と日本

治安維持法

- 普通選挙の実現と同じ1925年に制定。
- 天皇中心の国のあり方を変えたり，私有財産制度を否定したりするなどの社会主義的な運動を取り締まった。

歴史 第一次世界大戦と日本

普通選挙法

- 加藤高明内閣の時に成立。
- 普通選挙法の制定により，有権者数が約４倍に増加した。

歴史 世界恐慌と第二次世界大戦

世界恐慌

- ニューヨークの株式市場での株価の大暴落がきっかけ。「五か年計画」を採っていたソ連は影響を受けなかった。
- 各国の対策…ニューディール政策・ブロック経済など。

歴史 世界恐慌と第二次世界大戦

ニューディール(新規巻き直し)政策

- ローズベルト(ルーズベルト)大統領による政策。
- 公共事業をおこして失業者を救済，労働者の保護など→しだいに国民の購買力が上向く。

歴史 第一次世界大戦と日本

民本主義

- 大日本帝国憲法のもとでの民主主義のあり方を説き，大正デモクラシーを理論的に支えた。

▲吉野作造(1878〜1933年)

歴史 第一次世界大戦と日本

大正デモクラシー

- 大正デモクラシーが高まる中，護憲運動や普通選挙運動など，さまざまな社会運動が活発になった。
- 吉野作造が唱えた民本主義などが理論的に支えた。

歴史 第一次世界大戦と日本

全国水平社

- 部落差別に苦しんできた人々が，自らの力で差別からの解放を目指すために結成した。
- 1922年に京都で結成された全国的な組織。

歴史 第一次世界大戦と日本

平塚らいてう

(1886〜1971年)

- 女性のための雑誌『青鞜』を発刊。
- 新婦人協会を設立し，女性の参政権の獲得などを目指す。

歴史 第一次世界大戦と日本

米騒動

- シベリア出兵をみこした米の買い占めによる米価の上昇が原因。
- 軍隊が鎮圧し，内閣は退陣した。

(徳川美術館 (c)徳川美術館イメージアーカイブ/DNPartcom)

歴史　世界恐慌と第二次世界大戦　重要度

イギリスやフランスなどで行われた世界恐慌(せかいきょうこう)への対策を何という？

195

ニューディール政策とまちがえないよう注意！

歴史　世界恐慌と第二次世界大戦　重要度

民主主義や自由主義を否定(ひてい)する軍国主義的な独裁政治を何という？

196

歴史　世界恐慌と第二次世界大戦　重要度

1931〜1933年，満州(まんしゅう)にいた日本軍が行った一連の軍事行動を何という？

197

南満州鉄道の線路の爆破(ばくは)から始まった。

歴史　世界恐慌と第二次世界大戦　重要度

海軍の青年将校らが犬養毅(いぬかいつよし)首相を暗殺した事件を何という？

198

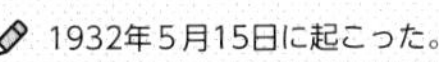

1932年５月15日に起こった。

歴史　世界恐慌と第二次世界大戦　重要度

陸軍の青年将校らが大臣らを殺傷するなどした事件を何という？

199

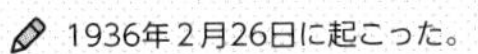

1936年２月26日に起こった。

歴史　世界恐慌と第二次世界大戦　重要度

1937年に始まった日本と中国との戦争を何という？

200

盧溝橋(ろこうきょう/ルーコウチアオ)事件がきっかけで始まったよ。

歴史　世界恐慌と第二次世界大戦　重要度

国民や物資を政府が優先して戦争に動員できるようにした法律を何という？

201

国が戦争のためにすべてを動員できるようになった。

歴史　世界恐慌と第二次世界大戦　重要度

1939年，ドイツがポーランドに侵攻(しんこう)して始まった戦争を何という？

202

歴史　世界恐慌と第二次世界大戦　重要度

1940年に日本・ドイツ・イタリアが結成した軍事同盟を何という？

203

歴史　世界恐慌と第二次世界大戦　重要度

日本軍による真珠湾攻撃(しんじゅわんこうげき)などで開戦した戦争を何という？

204

東南アジアや太平洋(たいへいよう)が主な戦場となった。

歴史　世界恐慌と第二次世界大戦

日中戦争

- 内戦を続けていた中国国民党(国民政府)と中国共産党は，日本に対抗するため抗日民族統一戦線を結成。
- アメリカ，イギリスなどは中国を支援し，戦争は長期化。

歴史　世界恐慌と第二次世界大戦

©2021 Disney

国家総動員法

- 日中戦争が長期化する中，1938年に制定。
- 政府は，議会の承認なしに，国民や物資を戦争に動員できる権限を得た。

歴史　世界恐慌と第二次世界大戦

©2021 Disney

第二次世界大戦

- 日本・ドイツ・イタリアなどの枢軸国と，イギリス・フランスなどの連合国との戦争。
- 1943年9月にイタリアが，1945年5月にドイツが降伏。

歴史　世界恐慌と第二次世界大戦

©2021 Disney

日独伊三国同盟

- 結束を強化するために結成。
- アメリカの参戦を押さえようとしたが，かえって反発を招いた。

歴史　世界恐慌と第二次世界大戦

©2021 Disney

太平洋戦争(アジア・太平洋戦争)

- 1941年12月，日本軍によるイギリス領のマレー半島への上陸と，ハワイの真珠湾への奇襲攻撃などで開戦。
- 1945年8月，日本がポツダム宣言を受諾し降伏。

歴史　世界恐慌と第二次世界大戦

©2021 Disney

ブロック経済(政策)

- 本国と植民地との貿易を拡大し，他国の商品には高い関税をかけて締め出す政策。
- 植民地が少ないイタリア，ドイツ，日本などは反発した。

歴史　世界恐慌と第二次世界大戦

©2021 Disney

ファシズム

- イタリア…ファシスト党のムッソリーニによる独裁政治。
- ドイツ…ヒトラーを首相とするナチスが一党独裁。

歴史　世界恐慌と第二次世界大戦

©2021 Disney

満州事変

- 1931年，日本軍(関東軍)が南満州鉄道の線路を爆破し攻撃を開始→翌年，満州国を建国。
- 国際連盟が満州国を認めず，日本は国際連盟を脱退。

歴史　世界恐慌と第二次世界大戦

©2021 Disney

五・一五事件

- 満州国の承認に反対していた犬養毅首相が暗殺された。
- 政党政治が終わった。

歴史　世界恐慌と第二次世界大戦

©2021 Disney

二・二六事件

- 軍事政権の樹立を目指した陸軍の青年将校らが大臣などを殺傷し，一時，東京の中心部を占拠した。
- 以後，軍部は政治への発言力をいっそう強めた。

歴史 世界恐慌と第二次世界大戦 重要度

連合国が発表した，日本に無条件降伏(こうふく)を求めた共同宣言を何という？

205

歴史 世界恐慌と第二次世界大戦 重要度

1945年8月6日，世界で初めて原子爆弾(ばくだん)(原爆)を投下された都市はどこ？

206

歴史 戦後の日本の発展と国際社会 重要度

日本占領(せんりょう)のために置かれた連合国軍の機関を何という？

略称(りゃくしょう)はGHQ(ジーエイチキュー)。最高司令官はマッカーサー。

207

歴史 戦後の日本の発展と国際社会 重要度

日本経済を支配してきた資本家グループを解散させた政策を何という？

208

歴史 戦後の日本の発展と国際社会 重要度

自作農を増やし，農村を民主化するための改革を何という？

地租改正(ちそかいせい)とまちがえないように注意！

209

歴史 戦後の日本の発展と国際社会 重要度

1946年11月3日に公布された憲法を何という？

施行(しこう)は1947年5月3日だよ。

210

歴史 戦後の日本の発展と国際社会 重要度

1947年に制定された，民主主義の教育の基本を示した法律を何という？

これにより教育勅語(ちょくご)は失効した。

211

歴史 戦後の日本の発展と国際社会 重要度

1945年に発足(ほっそく)した，世界の平和と安全の維持(いじ)のための機関を何という？

国際連盟とまちがえないように！

212

歴史 戦後の日本の発展と国際社会 重要度

アメリカが中心の西側陣営(じんえい)とソ連(れん)が率いる東側陣営の対立を何という？

米ソの間では直接的な戦争は起きなかった。

213

歴史 戦後の日本の発展と国際社会 重要度

1950年に始まった韓国(かんこく)と北朝鮮(きたちょうせん)との戦争を何という？

1953年に休戦した。

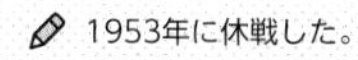

214

歴史　戦後の日本の発展と国際社会

日本国憲法

▶ 三つの基本原理…国民主権，基本的人権の尊重，平和主義。

歴史　戦後の日本の発展と国際社会

教育基本法

▶ 教育の機会均等，男女共学，義務教育などについて定められた。

▶ 義務教育年数が6年から9年に延長された。

歴史　戦後の日本の発展と国際社会

国際連合(国連)

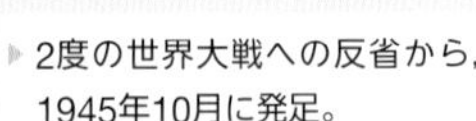

(学研)

▲国連本部(アメリカのニューヨーク)

▶ 2度の世界大戦への反省から，1945年10月に発足。

歴史　戦後の日本の発展と国際社会

冷たい戦争(冷戦)

▶ 第二次世界大戦後に始まった，厳しい対立。

▶ ベルリンの壁が崩壊した1989年に終結が宣言された。

歴史　戦後の日本の発展と国際社会

朝鮮戦争

(1950～1953年)

▶ 1948年，アメリカの援助で大韓民国(韓国)，ソ連の援助で朝鮮民主主義人民共和国(北朝鮮)が成立→冷戦を背景に開戦。日本は特需景気(朝鮮特需)となる。

歴史　世界恐慌と第二次世界大戦

ポツダム宣言

▶ 1945年7月，アメリカ・イギリス・中国の名前で発表されたが日本は無視。原子爆弾の投下，ソ連の参戦後，8月14日に受け入れを決定。15日，国民に降伏が知らされた。

歴史　世界恐慌と第二次世界大戦

広島

▲原爆ドーム（学研写真資料）

▶ 9日には長崎にも投下された。

▶ 広島で20万人以上，長崎で14万人以上の命が奪われた。

歴史　戦後の日本の発展と国際社会

連合国軍最高司令官総司令部(連合国軍総司令部)

▶ ポツダム宣言に基づき，日本から軍国主義を取り除き，日本の民主化をすすめる政策を実行した。

歴史　戦後の日本の発展と国際社会

財閥解体

▶ ＧＨＱの指令による経済の民主化のための政策の一つ。

▶ 日本経済を支配し，軍国主義を支えてきた三井・三菱・住友・安田などの財閥が解体された。

歴史　戦後の日本の発展と国際社会

農地改革

▶ 地主の土地を政府が買い上げ，小作人に安く売りわたした→結果多くの自作農が生まれた。

歴史　戦後の日本の発展と国際社会　重要度

警察予備隊はしだいに強化され，何という組織になった？

215

警察予備隊→保安隊と発展していった。

歴史　戦後の日本の発展と国際社会　重要度

1951年，日本と連合国が結んだ太平洋戦争の講和条約を何という？

216

当時の首相の吉田茂が調印したよ。

歴史　戦後の日本の発展と国際社会　重要度

サンフランシスコ平和条約と同時に日本とアメリカとの間で結ばれた条約を何という？

217

歴史　戦後の日本の発展と国際社会　重要度

1950年代半ば～1973年の日本経済の急激な成長を何という？

218

歴史　戦後の日本の発展と国際社会　重要度

1956年に日本とソ連の国交が回復した宣言を何という？

219

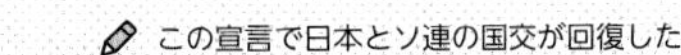

この宣言で日本とソ連の国交が回復した。

歴史　戦後の日本の発展と国際社会　重要度

1978年に日本と中国との間で結ばれた平和条約を何という？

220

日中共同声明ののちに結ばれたよ。

歴史　戦後の日本の発展と国際社会　重要度

1980年代後半～1990年代初めの日本で発生した好景気を何という？

221

歴史　戦後の日本の発展と国際社会　重要度

2011年に起きた，三陸沖を震源とする地震と津波による大災害を何という？

222

公民　現代社会とわたしたち　重要度

交通，情報通信技術などの発達で，世界の一体化が進んだことを何という？

1

「地球の」という意味の語句。

公民　現代社会とわたしたち　重要度

それぞれの国が，得意とするものや不足するものを貿易によって交換し合うことを何という？

2

歴史　戦後の日本の発展と国際社会

日中平和友好条約

- 1972年，日中共同声明によって国交を正常化し，1978年，両国の友好関係をより深めるために結ばれた。

歴史  戦後の日本の発展と国際社会

バブル経済(バブル景気)

- 株式や土地の値段が，あわ(バブル)がふくらむように異常に高くなった。
- 1990年代の初めに崩壊し，長い平成不況となる。

歴史  戦後の日本の発展と国際社会

東日本大震災

- 2011年3月11日に発生した。
- 地震に伴って発生した津波により被害が拡大し，福島第一原子力発電所の事故も起こった。

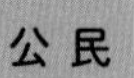公民  現代社会とわたしたち

グローバル化

- 大量の人・もの・お金・情報などが国境を越えて，さかんに移動するようになった。

公民  現代社会とわたしたち

国際分業

- 日本は，石油や石炭などの資源を輸入し，工業製品を輸出して発展してきた。
- 各国の企業がより質が高く安い商品の販売を競い合う国際競争が活発化。

歴史　戦後の日本の発展と国際社会

自衛隊

- 在日アメリカ軍が朝鮮戦争に出兵したあとの日本の治安を維持するためという理由で警察予備隊がつくられた。
- 警察予備隊は，保安隊をへて自衛隊になった。

歴史  戦後の日本の発展と国際社会

サンフランシスコ平和条約

- 翌年，日本は独立を回復。
- 同時に日米安全保障条約を結ぶ。

歴史　戦後の日本の発展と国際社会

日米安全保障(日米安保，安保)条約

- 1951年に結ばれ，1960年に改定された。
- 日本がアメリカ軍の駐留を認める→沖縄に多くのアメリカ軍基地が置かれる。

歴史  戦後の日本の発展と国際社会

高度経済成長

- 1968年，国民総生産(GNP)が資本主義国中第2位になった。
- 1973年の石油危機で終わった。

歴史　戦後の日本の発展と国際社会

日ソ共同宣言

- 鳩山一郎首相の時に調印。
- ソ連との国交が回復したことにより，日本の国際連合への加盟が実現した。

公民　現代社会と私たち　重要度

情報が生活・産業に大きな役割を果たすようになってきたことを何という？

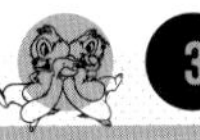

3

公民　現代社会と私たち　重要度

インターネットや携帯(けいたい)電話などで使われている情報をやりとりするための技術を何という？

4

公民　現代社会と私たち　重要度

大量の情報の中から必要な情報だけを選び，それを適切に活用する能力を何という？

5

公民　現代社会と私たち　重要度

多くの情報から推論，判断，学習をするなどの，人間の知能のはたらきをコンピューター上で実現したものを何という？

6

公民　現代社会と私たち　重要度

生まれる子どもの数が減り，高齢(こうれい)者の割合が高まることを何という？

7

公民　現代社会と私たち　重要度

親と子ども，あるいは夫婦のみからなる家族形態を何という？

8

公民　現代社会と私たち　重要度

人間が，便利で豊かな生活を求めてつくりあげてきたもの全体を何という？

9

科学・芸術・宗教など。

公民　現代社会と私たち　重要度

長い歴史の中でつちかわれ，受け継(つ)がれてきた文化を何という？

10

公民　現代社会と私たち　重要度

家族・学校・職場・地域社会・国家など，さまざまな人々の集まりを何という？

11

公民　現代社会と私たち　重要度

グローバル化を背景に広まってきている，さまざまな民族や文化，価値観が存在していることを何という？

12

「多様性」という意味の言葉だよ。

公民 | 現代社会と私たち

核家族

- 高度経済成長期に核家族化が進み，現在は，核家族のほか，一人暮らしの一人（単独）世帯の割合も高くなってきている。

公民 | 現代社会と私たち

文化

- ふだんの生活のしかたやもののみかた，道徳，社会のしくみも文化といえる。

公民 | 現代社会と私たち

伝統文化

- 伝統芸能，伝統的工芸品など。
- 日常生活の風習や，日本人の価値観や心構えも伝統文化といえる。

公民 | 現代社会と私たち

社会集団

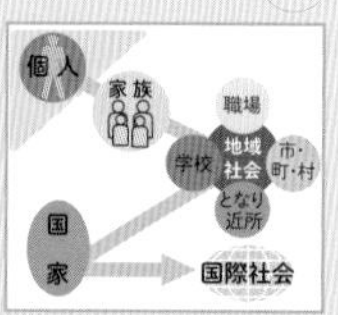

▲さまざまな社会集団

- 家族は，生まれたときから所属する社会集団。
- 人間は社会的存在といわれる。

公民 | 現代社会とわたしたち

ダイバーシティ

- ダイバーシティの理解が進み，年齢，性別，国籍，宗教などにとらわれない多様な人材を積極的に採用する企業もある。
（例）障がいのある人や外国人労働者の雇用など。

公民 | 現代社会と私たち

情報化

▲インターネットの利用者数の推移
（2020/21年版「日本国勢図会」）

- 情報通信技術（ICT）の発達。
- インターネットの普及。

公民 | 現代社会と私たち

情報通信技術（ICT）

- パソコンやスマートフォンなどの情報機器の発達・普及。
- 情報が大量に，高速で，広範囲でやりとり可能に。

公民 | 現代社会と私たち

情報リテラシー

- 情報社会においては，情報リテラシーのほか，情報を正しく利用する考え方や態度である情報モラルも大事。

公民 | 現代社会と私たち

人工知能（AI）

- Artificial Intelligenceの略。
- 人工知能（AI）の研究や技術の向上が進み，急速に社会や産業が変化している。

公民 | 現代社会と私たち

少子高齢化（少子高齢社会）

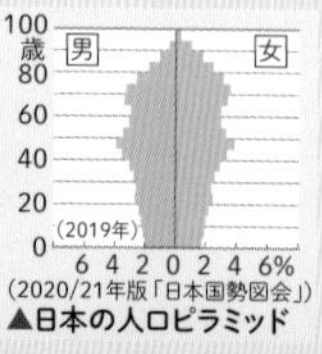

（2020/21年版「日本国勢図会」）
▲日本の人口ピラミッド

- 出生率の低下で少子化。
- 平均寿命ののびで高齢化。

公民 現代社会と私たち 重要度

さまざまな文化をもつ人々が，文化の違いを尊重し合って共生していく社会を何という？

13

公民 現代社会と私たち 重要度

考え方や意見の違いが生じることと，互いの意見が一致することを何という？

14

公民 現代社会と私たち 重要度

対立を合意に導くために必要な，無駄なく，誰にとっても公平であることを何という？

15

✎「○○と○○」という形で。

公民 人間の尊重と日本国憲法 重要度

『法の精神』を著して，三権分立（権力分立）の理論を完成させたのは誰？

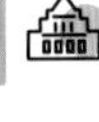

16

公民 人間の尊重と日本国憲法 重要度

人民主権を主張し，フランス革命に大きな影響を与えた人物は誰？

17

✎『社会契約論』を著した人。

公民 人間の尊重と日本国憲法 重要度

名誉革命の翌年にイギリス議会が国王に議会の権利を認めさせた法律を何という？

18

公民 人間の尊重と日本国憲法 重要度

アメリカ独立戦争中の1776年に発表された宣言を何という？

19

公民 人間の尊重と日本国憲法 重要度

フランス革命の際に，国民議会が発表した宣言を何という？

20

公民 人間の尊重と日本国憲法 重要度

1919年に制定された，社会権を初めて保障したドイツの憲法を何という？

21

公民 人間の尊重と日本国憲法 重要度

第二次世界大戦後の1946年11月3日に公布，翌年5月3日から施行された憲法は？

22

✎わが国の根本法規であり最高法規。

公民 | 人間の尊重と日本国憲法

権利章典（権利の章典）

- イギリス国民の自由と権利を保護し，議会の権限の確立に大きな役割を果たした。

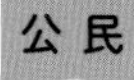

公民 | 人間の尊重と日本国憲法

アメリカ独立宣言

- 基本的人権と国民主権を主張し，独立の正当性を述べている。
- 1787年，アメリカ合衆国憲法を制定。

公民 | 人間の尊重と日本国憲法

フランス人権宣言

- 人間の自由・平等のほか，国民主権・権力分立など政治の原理や組織についても宣言している。

第1条　人は生まれながら，自由で平等な権利をもつ。社会的な区別は，公共の利益に関係のある場合にしか設けられてはならない。

▲ フランス人権宣言（一部）

公民 | 人間の尊重と日本国憲法

ワイマール憲法

- 基本的人権，国民主権，普通選挙のほか，人間らしい生活を求める権利（生存権）などの社会権を初めて保障。
- 民主憲法の模範とされた。

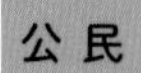

公民 | 人間の尊重と日本国憲法

日本国憲法

- 日本国憲法の基本原理は，国民主権，基本的人権の尊重，平和主義の三つ。
- 大日本帝国憲法は天皇主権で，臣民（国民）の権利は法律の範囲内でのみ認められた。

公民 | 現代社会とわたしたち

多文化共生（社会）

- 日本で暮らす外国人が増えている。
- 異文化理解が大切。

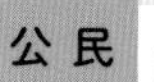
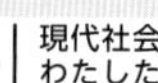
公民 | 現代社会とわたしたち

対立・合意

- 対立が生じた場合，解決策を求めて話し合い，合意を目指す必要がある。

公民 | 現代社会とわたしたち

効率と公正

- 解決策が効率と公正の両方を満たすことで，対立が合意に導かれる。

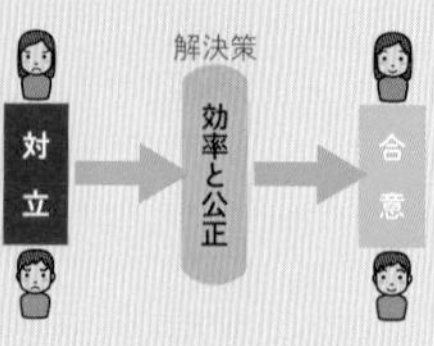

公民 | 人間の尊重と日本国憲法

モンテスキュー

（1689～1755年）

- 立法権，行政権，司法権の三権相互の抑制と均衡をはかることで，国家権力の濫用を防ぐ。

公民 | 人間の尊重と日本国憲法

ルソー

（1712～1778年）

- 国家は，互いに自由・平等である個々人の約束ごとで成立するという考え（社会契約論）を主張。

(Bridgeman Images/アフロ)

公民　人間の尊重と日本国憲法　重要度

憲法の改正で，国民の承認を得るために実施されることを何という？

23

公民　人間の尊重と日本国憲法　重要度

日本国憲法の基本原理の一つで，主権が国民にあることを何という？

主権在民ともいう。

24

公民　人間の尊重と日本国憲法　重要度

日本国憲法の基本原理の一つで，人権を永久・不可侵の権利として保障していることを何という？

25

公民　人間の尊重と日本国憲法　重要度

日本国憲法の基本原理の一つで，戦争を放棄し，世界の恒久平和を求めていこうとする考えを何という？

26

公民　人間の尊重と日本国憲法　重要度

日本国憲法で，「日本国の象徴であり，日本国民統合の象徴」とされているのは？

27

公民　人間の尊重と日本国憲法　重要度

日本国憲法に定められた，天皇が行う形式的・儀礼的な行為を何という？

内閣総理大臣の任命や国会の召集などだよ。

28

公民　人間の尊重と日本国憲法　重要度

「持たず，つくらず，持ちこませず」という，日本の核兵器に対する基本方針を何という？

29

公民　人間の尊重と日本国憲法　重要度

差別を受けずに，誰もが同じ扱いを受ける権利を何という？

30

公民　人間の尊重と日本国憲法　重要度

すべての人は，法的に等しく扱われなければならないとする原則を何という？

平等権の基本的な考え方の一つ。

31

公民　人間の尊重と日本国憲法　重要度

雇用において，男女を平等に扱うように求めた法律を何という？

1986年に施行された。

32

国事行為

▶ 天皇の国事行為は，形式的，儀礼的な行為に限られ，その責任は内閣が負う。

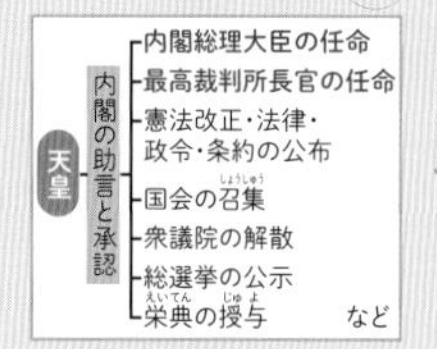

▲天皇の主な国事行為

公民 人間の尊重と日本国憲法

国民投票

▶ 有効投票の過半数の賛成を得ると，憲法が改正される。

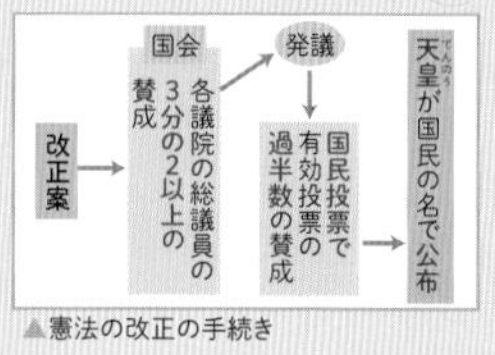

▲憲法の改正の手続き

公民 人間の尊重と日本国憲法

非核三原則

▶ 日本は唯一の被爆国。
▶ 1971年に国会で決議された。

公民 人間の尊重と日本国憲法

国民主権

▶ 憲法前文，第1条などに規定されている。
▶ 第1条で象徴天皇制を定めるとともに，国の主権が国民にあることを定めている。

公民 人間の尊重と日本国憲法
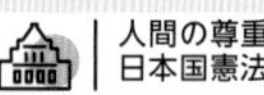

平等権

▶ 法の下の平等（憲法第14条）。
▶ 個人の尊厳と両性の本質的平等（憲法第24条）。
▶ 政治上の平等（憲法第15条・第44条）。

公民 人間の尊重と日本国憲法

基本的人権の尊重

▶ 基本的人権は，人が生まれながらにもっている権利。
▶ 日本国憲法は，自由権，平等権，社会権などの基本的人権を侵すことのできない永久の権利として保障。

公民 人間の尊重と日本国憲法
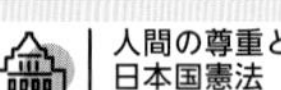

法の下の平等

▶ 人はすべて，人間として平等であるとの考えから主張された権利。

日本国憲法第14条

①すべて国民は，法の下に平等であつて，人種，信条，性別，社会的身分又は門地により，政治的，経済的又は社会的関係において，差別されない。

公民 人間の尊重と日本国憲法
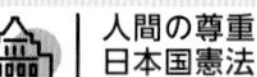

平和主義

▶ 日本国憲法は，前文で国際協調主義を宣言し，第9条で戦争の放棄，戦力の不保持，交戦権の否認を定めている。

公民 人間の尊重と日本国憲法

男女雇用機会均等法

▶ 何度か改正され，事業主（使用者）にセクシュアル・ハラスメントを防止する義務を負わせるなどが強化された。

公民 人間の尊重と日本国憲法

天皇

▶ 天皇は，国の政治に関する権限はもたず，内閣の助言と承認によって国事行為を行う。

（朝日新聞社）

公民　人間の尊重と日本国憲法　重要度

アイヌ民族の誇りを尊重する社会の構築を目指して，2019年に制定された法律を何という？

33

アイヌ民族を日本の先住民族と明記した法律。

公民　人間の尊重と日本国憲法　重要度

障がいのある人の自立と支援を目的として，1993年に制定された法律を何という？

34

公民　人間の尊重と日本国憲法　重要度

障がいのある人や高齢者でも安全・快適に行動できる環境をつくろうという考えを何という？

35

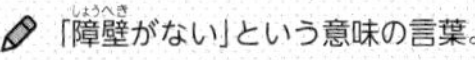

「障壁がない」という意味の言葉。

公民　人間の尊重と日本国憲法　重要度

国から制約を受けずに自由に行動する権利を何という？

36

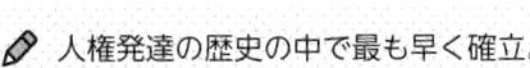

人権発達の歴史の中で最も早く確立。

公民　人間の尊重と日本国憲法　重要度

人間らしい生活の保障を国に求める権利を何という？

37

20世紀の権利といわれるのは？

公民　人間の尊重と日本国憲法　重要度

健康で文化的な最低限度の生活を営む権利を何という？

38

社会権の基盤。

公民　人間の尊重と日本国憲法　重要度

1947年に制定された，憲法に基づいて，教育の基本方針を示した法律を何という？

39

教育の憲法とも呼ばれている。

公民　人間の尊重と日本国憲法　重要度

労働者に認められた，団結権，団体交渉権，団体行動権（争議権）を合わせて何という？

40

公民　人間の尊重と日本国憲法　重要度

国民が直接，または代表者を通して間接的に政治に参加する権利を何という？

41

選挙権と被選挙権が中心。

公民　人間の尊重と日本国憲法　重要度

基本的人権が侵害された場合に，その救済を国などに求める権利のことを何という？

42

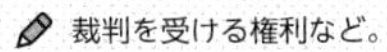

裁判を受ける権利など。

公民 人間の尊重と日本国憲法

生存権

▶ 社会権の基盤になる権利で，日本国憲法は，第25条で保障している。

日本国憲法第25条

①すべて国民は，健康で文化的な最低限度の生活を営む権利を有する。

公民 人間の尊重と日本国憲法

アイヌ施策推進法(アイヌ民族支援法)

©2021 Disney

▶ アイヌ民族の文化を振興し，伝統を尊重することを求めたアイヌ文化振興法(1997年制定)に代わって制定された。

公民 人間の尊重と日本国憲法

教育基本法

©2021 Disney

▶ 教育の機会均等や男女共学，学校教育，生涯学習などについて定められている。

▶ 2006年に改正された。

公民 人間の尊重と日本国憲法

障害者基本法

©2021 Disney

▶ 障害者基本法に基づき，視覚障がい者誘導用ブロック(点字ブロック)のある道路の整備が進む。

▶ 2013年には，障がいを理由とする不当な差別を禁じた障害者差別解消法を制定。(2016年施行)

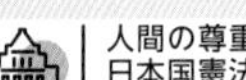

公民 人間の尊重と日本国憲法

労働基本権(労働三権)

©2021 Disney

▶ 労働基本権の規定を受けて，労働者の権利を保障するために労働基準法，労働組合法，労働関係調整法の労働三法が定められている。

公民 人間の尊重と日本国憲法

バリアフリー

©2021 Disney

▶ インクルージョンの取り組みの一つ。

▶ バリアフリーとは，「さまたげるものがない」といった意味。

(朝日新聞社)

▲入口の段差をなくしたバス

公民 人間の尊重と日本国憲法

参政権

©2021 Disney

▶ 選挙権・被選挙権のほか，最高裁判所裁判官に対する国民審査，憲法改正の際の国民投票など。

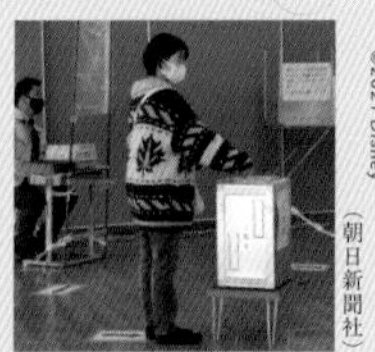

(朝日新聞社)

公民 人間の尊重と日本国憲法

自由権

©2021 Disney

▶ 日本国憲法は，身体(生命・身体)の自由，精神の自由，経済活動の自由を保障している。

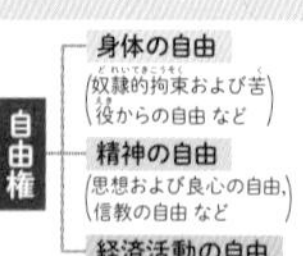

▲自由権の種類

公民 人間の尊重と日本国憲法

請求権(国務請求権)

©2021 Disney

▶ 裁判所において裁判を受ける権利，国家賠償請求権，刑事補償請求権など。

公民 人間の尊重と日本国憲法

社会権

©2021 Disney

▶ 1919年に制定されたドイツのワイマール憲法で，初めて保障された。

▲社会権の種類

公民 人間の尊重と日本国憲法 重要度

働く能力のある者は，すべてその能力に応じて働かなければならないとする国民の義務の一つは何？

43

公民 人間の尊重と日本国憲法 重要度

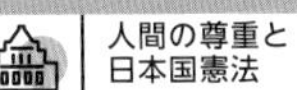

社会全体の利益を意味し，複数の人々の人権の衝突（しょうとつ）を調整するための原理を何という？

44

自由や権利の限界のこと。5字で。

公民 人間の尊重と日本国憲法 重要度

人間らしい生活ができる快適で良好な環境（かんきょう）を求める権利を何という？

45

公民 人間の尊重と日本国憲法 重要度

国や地方公共団体に対して，情報の公開を要求する権利を何という？

46

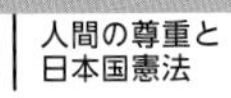

公民 人間の尊重と日本国憲法 重要度

私生活をみだりに公開されない権利を何という？

47

公民 人間の尊重と日本国憲法 重要度

個人が自分の生き方などについて自由に決定する権利を何という？

48

公民 人間の尊重と日本国憲法 重要度

1948年，国連総会で採択（さいたく）され，人権保障の国際的模範（もはん）となった宣言を何という？

49

公民 人間の尊重と日本国憲法 重要度

1989年，国連総会で採択（さいたく）された，子どもの人権の国際的な保障（ほしょう）を目指した条約を何という？

50

公民 現代の民主政治 重要度

国民の代表者（議員）を選挙で選び，議会（国会）を通じて行われる政治のしくみを何という？

国民が直接，政治に参加するしくみではない。

51

公民 現代の民主政治 重要度

一つの選挙区から一人の代表を選ぶ選挙制度を何という？

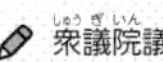

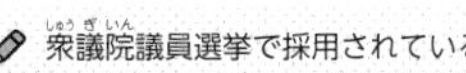

衆議院（しゅうぎいん）議員選挙で採用されている。

52

公民　人間の尊重と日本国憲法

自己決定権

- 近年は，医療におけるインフォームド・コンセント（情報を与えられたうえでの同意）が重要視されるようになった。

公民　人間の尊重と日本国憲法

世界人権宣言

- 人権を保障するために各国が守るべき基準を示した。
- 世界人権宣言を条約化して，法的拘束力をもたせたものが，1966年に国連で採択された国際人権規約。

公民　人間の尊重と日本国憲法

子どもの権利条約
（児童の権利に関する条約）

- 18歳未満のすべての子どもに適用される。
- 教育を受ける権利，意見を表明する権利など，子どもを守るための基準を設けている。

公民　現代の民主政治

間接民主制
（議会制民主主義，代議制）

- 議会（国会）は，国権の最高機関としての地位をもつ。

公民　現代の民主政治

小選挙区制

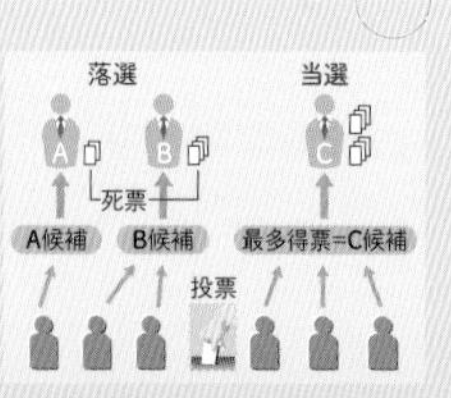

- 死票が多くなる。
- 日本の選挙権年齢は満18歳以上の日本国民。

公民　人間の尊重と日本国憲法

勤労の義務

- 日本国憲法に定められた国民の義務は，子どもに普通教育を受けさせる義務，勤労の義務，納税の義務。
- 教育と勤労は義務であると同時に国民の権利でもある。

公民　人間の尊重と日本国憲法

公共の福祉

- 日本国憲法は，自由や権利を「濫用してはならないのであつて，常に公共の福祉のためにこれを利用する責任を負ふ。」（第12条）と定めている。

公民　人間の尊重と日本国憲法

環境権

- 生存権などを根拠に認められるようになった新しい人権。
- 国は環境保全のために環境基本法を制定した。
- 大規模な開発の前に環境への影響を調べる環境アセスメント（環境影響評価）が義務づけられている。

公民　人間の尊重と日本国憲法

知る権利

- 多くの地方公共団体が情報公開条例を制定し，国も情報公開法を制定した。

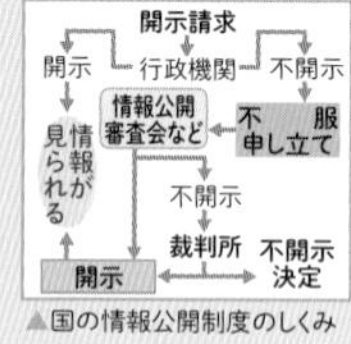

▲国の情報公開制度のしくみ

公民　人間の尊重と日本国憲法

プライバシーの権利

- 国や地方公共団体，民間の情報管理者が，個人情報を慎重に管理することを義務づけた個人情報保護法が制定された。

公民　現代の民主政治　重要度

各政党の得票率(数)に応じて議席を配分する選挙制度を何という？

53

公民　現代の民主政治　重要度

政権を担当している政党を何という？

内閣を組織している政党のこと。

54

公民　現代の民主政治　重要度

選挙区によって，投票した一票の価値(重さ)に差が生じている問題を何という？

55

公民　現代の民主政治　重要度

政治や社会の問題についての，国民の多くの意見のまとまりを何という？

56

公民　現代の民主政治　重要度

衆議院(しゅうぎいん)と参議院(さんぎいん)からなり，国民の直接選挙で選ばれた議員によって構成される機関は？

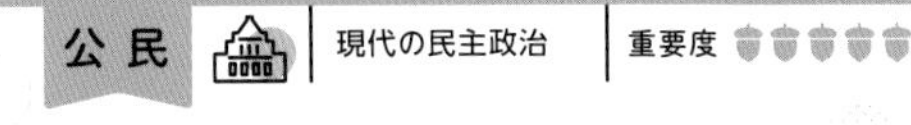

国民を代表する議会のこと。

57

公民　現代の民主政治　重要度

議会が二つの議院で構成されている制度を何という？

58

公民　現代の民主政治　重要度

国会を構成する議院のうち，解散の制度を採用している議院は？

議員の任期が短いほうの議院。

59

公民　現代の民主政治　重要度

日本の国会を構成しているのは，衆議院ともう一つの議院は何？

60

公民　現代の民主政治　重要度

参議院(さんぎいん)に比べ，衆議院(しゅうぎいん)の権限を重くしていることを何という？

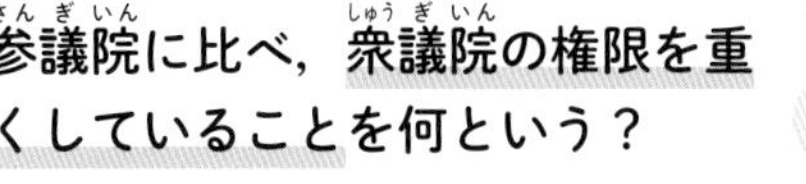

「衆議院の○○」と答えよう。

61

公民　現代の民主政治　重要度

国会に提出された議案は，議長から最初にどこに送られる？

本会議ではない。

62

公民 | 現代の民主政治

二院制(両院制)

- 日本の国会は，衆議院と参議院の二つの議院で構成。
- 二つの議院で審議することで，議案を慎重に審議することができる。

公民 | 現代の民主政治

衆議院

- 解散の制度を採用し，議員の任期も短いため，より的確に国民の意思を反映しやすい。

衆議院		参議院
465人	議員数	248人※
4年	任期	6年
ある	解散	ない
25歳以上	被選挙権	30歳以上

▲衆議院と参議院の比較
※2022年の参議院議員選挙から248人となる。

公民 | 現代の民主政治

参議院

- 参議院議員の任期は6年で，3年ごとに半数を改選。
- 解散がなく，衆議院よりも任期を長くして，継続性と安定性を与えている。

公民 | 現代の民主政治

衆議院の優越

- 法律案・予算の議決，予算の先議，条約の承認，内閣総理大臣の指名，内閣不信任の決議で認められている。

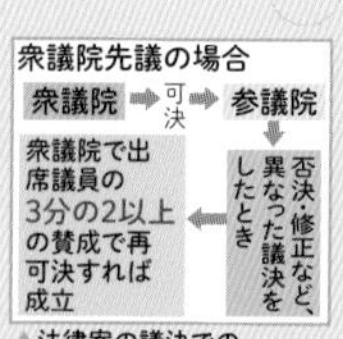

▲法律案の議決での衆議院の優越

公民 | 現代の民主政治

委員会

- 国会議員が，各委員会に所属して審議。
- 常任委員会と特別委員会がある。
- 国会は，実際には常任委員会を中心に運営される。

公民 | 現代の民主政治

比例代表制

- 死票が少なく，国民のさまざまな意見が反映される。
- 小政党が分立し，政権が不安定になりやすい。

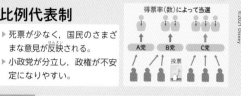

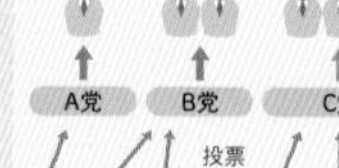

公民 | 現代の民主政治

与党

- 政党は，国民の意見や要望をまとめ，国や地方の政治に反映させる。
- 与党以外の政党を野党という。

公民 | 現代の民主政治

一票の格差

- 過密・過疎などの人口のかたよりが原因。
- 現在の日本の選挙は，法の下の平等を定める憲法に違反した状態。

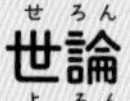
公民 | 現代の民主政治

世論

- 世論の形成には，マスメディアが大きな影響力をもっており，政治を動かす大きな力となる。
- 「民主政治は世論による政治」などともいわれる。

公民 | 現代の民主政治

国会

- 国の最高の意思決定機関(国権の最高機関)であり，法律を定められるのは国会のみ(唯一の立法機関)である。

国会の種類
常会(通常国会)
特別会(特別国会)
臨時会(臨時国会)
参議院の緊急集会

▲国会の種類

公民　現代の民主政治　重要度

衆議院・参議院とも，その議院のすべての議員で構成される会議を何という？

63

公民　現代の民主政治　重要度

衆議院と参議院の両議院がもっている，国の政治について調査する権限を何という？

64

公民　現代の民主政治　重要度

国の行政を担当する最高の機関を何という？

65

公民　現代の民主政治　重要度

内閣の仕事の方針を決める会議で，行政の最高意思決定機関を何という？

66

公民　現代の民主政治　重要度

内閣が国会の信任のうえに成立し，議会に対して連帯責任を負うしくみを何という？

67

漢字に注意。

公民　現代の民主政治　重要度

内閣を信任できないときに行う，衆議院のみがもつ権限を何という？

68

公民　現代の民主政治　重要度

衆議院議員全員に対し，任期満了前にその資格を失わせることを何という？

69

「衆議院の○○」と答えよう。

公民　現代の民主政治　重要度

行政改革の一つとして，政府による規制を緩めようとする動きを何という？

70

緩めることを「緩和」という。

公民　現代の民主政治　重要度

司法権の最高機関であり，「憲法の番人」とも呼ばれる唯一の終審裁判所を何という？

71

公民　現代の民主政治　重要度

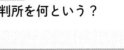

同一の事件について，原則として3回まで裁判が受けられる制度を何という？

72

内閣不信任の決議

▶ 内閣不信任案を可決した場合，内閣は，10日以内に衆議院を解散しないかぎり，総辞職しなければならない。

公民 現代の民主政治

本会議

▶ 本会議は，衆・参両議院それぞれ総議員の3分の1以上の出席が必要(定足数)。

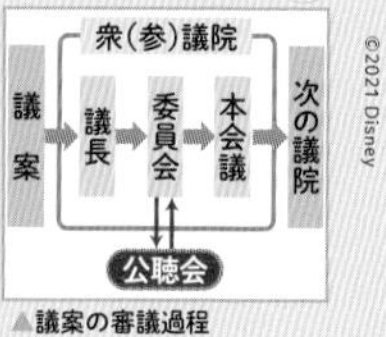

▲議案の審議過程

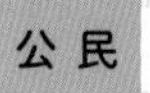
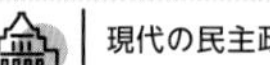
公民 現代の民主政治

衆議院の解散

▶ 国会と内閣が対立した場合に，総選挙によって国民の意思を問うために行われる制度。

▲衆議院解散後の流れ

公民 現代の民主政治

国政調査権

▶ 国会に証人を呼んで質問する証人喚問や，記録の提出を求めることなどができる。

公民 現代の民主政治

規制緩和

▶ 自由な競争を進め，民間企業にできることは民間企業にまかせる政策。

公民 現代の民主政治

内閣

▶ 最高の行政機関として，他の行政機関を指揮・監督。
▶ 内閣総理大臣(首相)とその他の国務大臣で構成される。

公民 現代の民主政治

最高裁判所

▶ 最高裁判所長官と14名の最高裁判所裁判官で構成。
▶ 最高裁判所長官は内閣が指名し，天皇が任命する。

▲最高裁判所大法廷（ピクスタ）

公民 現代の民主政治

閣議

▶ 内閣総理大臣とすべての国務大臣が参加し，内閣の仕事の方針を決める。議案の決定は全会一致を原則とする。

公民 現代の民主政治

三審制

▶ 裁判を公正・慎重に行い，人権の保障と裁判の誤りを防ぐ。
▶ 上訴には控訴と上告がある。

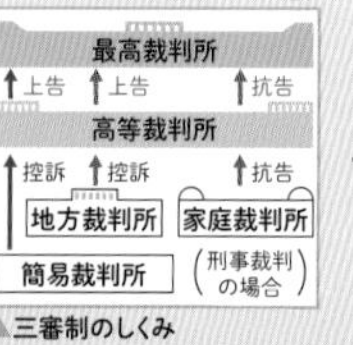

▲三審制のしくみ

公民 現代の民主政治

議院内閣制

▶ 行政権の行使について，内閣は国会に対して連帯して責任を負う。

▲議院内閣制のしくみ

公民 ｜ 現代の民主政治 ｜ 重要度

裁判所や裁判官が他の権力から圧力や干渉（かんしょう）を受けないことを何という？

73

公民 ｜ 現代の民主政治 ｜ 重要度

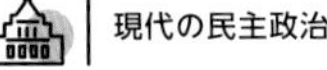

個人や企業（きぎょう）間の利害の対立や権利・義務に関する争いを裁く裁判を何という？

74

公民 ｜ 現代の民主政治 ｜ 重要度

強盗（ごうとう）・殺人など，法律で犯罪（はんざい）と定められている事件に関する裁判を何という？

75

無罪・有罪や，量刑（りょうけい）の判断をする裁判。

公民 ｜ 現代の民主政治 ｜ 重要度

第一審（しん）の判決に不服な場合，上級の裁判所に裁判のやり直しを求めて訴（うった）えることを何という？

76

上訴（じょうそ）には控訴（こうそ）と上告がある。

公民 ｜ 現代の民主政治 ｜ 重要度

被疑者（ひぎしゃ）を被告人（ひこくにん）として裁判所に訴（うった）える人を何という？

77

公民 ｜ 現代の民主政治 ｜ 重要度

選ばれた国民が刑事（けいじ）裁判に参加し，裁判官とともに被告人（ひこくにん）の有罪・無罪などを決める制度を何という？

78

公民 ｜ 現代の民主政治 ｜ 重要度

国家権力を立法権，行政権，司法権の三つの権力に分散し，相互（そうご）に抑制（よくせい）し合うしくみを何という？

79

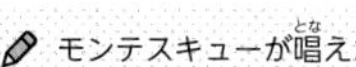

モンテスキューが唱（とな）えたしくみ。

公民 ｜ 現代の民主政治 ｜ 重要度

法律や命令などが憲法に違反（いはん）していないかどうかを判断する裁判所の権限を何という？

80

公民 ｜ 現代の民主政治 ｜ 重要度

国会に設けられる，罷免（ひめん）の訴（うった）えを受けた裁判官をやめさせるかどうかを決める裁判所を何という？

81

公民 ｜ 現代の民主政治 ｜ 重要度

最高裁判所の裁判官が，その職に適格であるかどうかについての，国民による信任投票を何という？

82

公民 | 現代の民主政治

裁判員制度

- 裁判員裁判は，殺人などの重大な刑事事件の第一審でのみ行われる。
- 国民の視点や感覚が裁判に反映されることを期待。

公民 | 現代の民主政治

三権分立(権力分立)

- 国家権力の濫用を防ぎ，国民の権利と自由を守るためのしくみ。

▲三権分立のしくみ

公民 | 現代の民主政治

違憲立法審査権(違憲審査権，法令審査権)

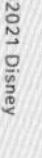

- このしくみを違憲審査(制)という。
- すべての裁判所がもつが，最終的な決定権は最高裁判所がもつため，最高裁判所は「憲法の番人」と呼ばれる。

公民 | 現代の民主政治

弾劾裁判所

- 衆参各議院から7名ずつ選んだ計14名の議員で構成。
- 国会の裁判所に対する抑制。

公民 | 現代の民主政治

国民審査

- 任命後の最初の衆議院議員総選挙のときに審査され，その後，10年経過して最初に行われる衆議院議員総選挙の際に審査が行われる。

公民 | 現代の民主政治

司法権の独立

- 裁判官は，その良心に従い，独立して裁判を行い，憲法と法律にのみ拘束される。

公民 | 現代の民主政治

民事裁判

- 訴えた人が原告，訴えられた人が被告となる。

▲民事裁判のしくみ

公民 | 現代の民主政治

刑事裁判

- 犯罪の被告人を裁く裁判。
- 刑法などを適用して，有罪か無罪かなどの判断を下す。

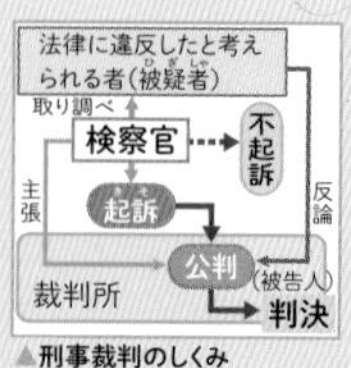

▲刑事裁判のしくみ

公民 | 現代の民主政治

控訴

- 第二審の判決に不服な場合に，次の上級の裁判所に裁判のやり直しを求めて訴えることは上告という。

公民 | 現代の民主政治

検察官

- 検察官は警察官とともに刑事事件を捜査し，被疑者の犯罪が確実であると判断すると，被疑者を被告人として裁判所に訴える。これを起訴という。

公民　現代の民主政治　重要度

地域住民が自らの意思と責任で，地域の政治を行うことを何という？

83

自ら治めるから…。

公民　現代の民主政治　重要度

地方自治を行う，都道府県や市(区)町村を何という？

84

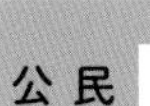

公民　現代の民主政治　重要度

地方公共団体の執行(しっこう)機関の長を何という？

85

都道府県知事と市(区)町村長のこと。

公民　現代の民主政治　重要度

地方議会が法律の範囲(はんい)内で定めるきまりを何という？

86

公民　現代の民主政治　重要度

地方公共団体が住民から集める税金を何という？

87

国が集める税金を国税というから…。

公民　現代の民主政治　重要度

地方財政の格差を減らし，行政の公平化をはかるために，国が支出するお金を何という？

88

お金の使いみちは指定されないよ。

公民　現代の民主政治　重要度

国が使いみちを指定して，地方公共団体に配分するお金を何という？

89

公民　現代の民主政治　重要度

地方公共団体の住民がもつ，条例の制定や議会の解散などを請求(せいきゅう)する権利を何という？

90

公民　現代の民主政治　重要度

地域の問題に住民の意思を反映させるために，条例に基(もと)づいて実施(じっし)されるものを何という？

91

公民　暮らしと経済　重要度

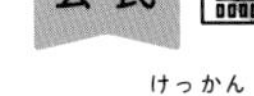

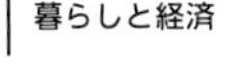

製品の欠陥(けっかん)で消費者が被害(ひがい)を受けた場合，製造者である企業(きぎょう)に被害の救済を義務づけた法律を何という？

92

地方交付税交付金

▶ 国が使いみちを指定して地方公共団体に配分するお金が国庫支出金。義務教育や公共事業の費用などに使われる。

国庫支出金

▶ 義務教育や公共事業，福祉や災害復旧事業などの特定の事業に使われる。

直接請求権

▶ 住民が一定の署名を集めて，首長などに請求を行う権利。

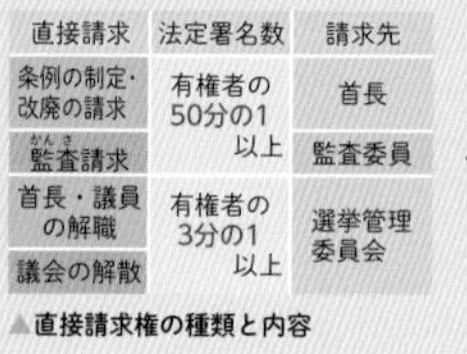

直接請求	法定署名数	請求先
条例の制定・改廃の請求	有権者の50分の1以上	首長
監査請求		監査委員
首長・議員の解職	有権者の3分の1以上	選挙管理委員会
議会の解散		

▲直接請求権の種類と内容

住民投票

▶ 憲法に定められた住民投票があるが，条例に基づく住民投票を実施するところも増えている。

製造物責任法（PL法）

▶ 企業に過失がなくても，被害の救済を義務づけている。

第1条　この法律は，製造物の欠陥により人の生命，身体又は財産に係る被害が生じた場合における製造業者等の損害賠償の責任について定める……

▲製造物責任法（一部）

地方自治

▶ 憲法と地方自治法で保障している。

▶ 国民の最も身近な政治参加の機会であるため，地方自治は「民主主義の学校」といわれる。

地方公共団体（地方自治体）

▶ 地方公共団体の主な機関には，議決機関の地方議会と執行機関である首長（知事など）がある。

首長

▶ 都道府県知事，市（区）町村長とも，住民の直接選挙で選ばれる。

▶ 予算を作成し，議会に提出。

▲首長と地方議会の関係

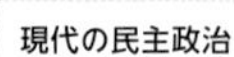

条例

▶ 条例を定めた地方公共団体のみに適用され，罰則を設けることもできる。

▶ 住民投票条例の制定が増えている。

地方税

▶ 都道府県税と市（区）町村税。

▶ 地方公共団体が自主的に集める自主財源。

（2020/21年版「日本国勢図会」）

▲地方財政（歳入）の内訳

公民　暮らしと経済　重要度

訪問販売などで商品を購入後，一定期間内であれば無条件で契約を解除できる制度を何という？

93

「頭を冷やす」という意味。

公民　暮らしと経済　重要度

商品が生産者から消費者に届くまでの流れを何という？

94

公民　暮らしと経済　重要度

企業が分担して財(もの)やサービスを生産することを何という？

95

公民　暮らしと経済　重要度

企業を大きく二つに分類したとき，国や地方公共団体などが経営する企業を何という？

96

公民　暮らしと経済　重要度

新しく会社を起こすことを何という？

97

公民　暮らしと経済　重要度

小さな金額の株式を発行して，大勢の人から集めた資金でつくる会社を何という？

98

いちばんよく聞く会社の種類だよ。

公民　暮らしと経済　重要度

日本の企業の多くは，従業員数，資本金が中位以下の企業だが，これらの企業を何という？

99

公民　暮らしと経済　重要度

労働条件の最低基準を定めた法律を何という？

100

労働三法の一つ。

公民　暮らしと経済　重要度

労働条件の改善や労働者の地位向上をはかるために，労働者が団結してつくる組織を何という？

101

公民　暮らしと経済　重要度

近年企業に求められている，社会の一員として果たすべき責任を何という？

102

公民 暮らしと経済

株式会社

▶ 株主総会が最高の議決機関。
▶ 会社に出資した人を株主といい，配当(金)を受ける。

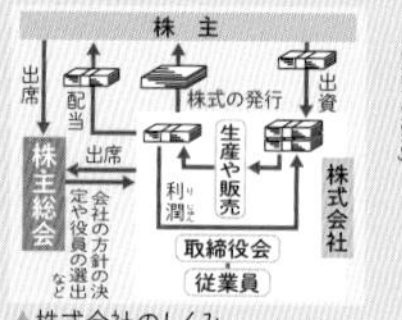

▲株式会社のしくみ

公民 暮らしと経済

中小企業

▶ 大企業の下請けが多い。
▶ 中小企業基本法で振興と保護育成をはかる。

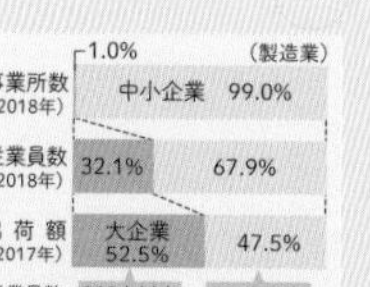

▲大企業と中小企業の割合

公民  暮らしと経済

労働基準法

▶ 労働時間や休日など，労働条件の最低基準を規定している。

第1条 ①労働条件は，労働者が人たるに値する生活を営むための必要を充たすべきものでなければならない。
②この法律で定める労働条件の基準は最低のものであるから，……この基準を理由として労働条件を低下させてはならない……

▲労働基準法(一部)

公民  暮らしと経済

労働組合

▶ 労働者が労働組合をつくったり，加入したりする権利を団結権という。
▶ 労働組合法は，労働組合や労働委員会の組織・権限などを規定。

公民  暮らしと経済

企業の社会的責任(CSR)

▶ 近年企業には利潤の追求だけでなく，社会的責任を果たすことが求められている。
▶ 環境保全活動や障がい者雇用の促進，伝統文化や芸術活動の保護など。

公民 暮らしと経済

クーリング・オフ(制度)

▶「頭を冷やして考え直す」という意味。
▶ 訪問販売，通信販売などで消費者の被害が多数発生したため制度化された。

  暮らしと経済

流通

▶ 流通の中心となるのが商業(卸売業･小売業)である。
▶ 近年，流通のしくみを簡略化し，流通費用を抑える流通の合理化が進む。

公民 暮らしと経済

分業

▶ 経済は，分業で生産された商品を貨幣と交換することによって成り立っている。

公民 暮らしと経済

公企業

▶ 利潤の追求を目的にせず公共の利益を目的とする。
▶ 民間が経営する企業は私企業。資本主義経済の下，利潤の追求を最大の目的とする。株式会社が代表的。

公民  暮らしと経済

起業

▶ 先端技術(ハイテク)産業や情報通信技術(ICT)産業を中心にベンチャー企業の起業がみられ，ビッグデータや人工知能(AI)を活用した技術革新が進む。

公民 暮らしと経済 重要度

かつての日本で主流だった，定年退職まで一つの企業で働き続ける雇用のあり方を何という？

103

公民 暮らしと経済 重要度

仕事と家庭や地域での生活を両立し，それらが調和していることを何という？

104

カタカナで何と言うかな？

公民 暮らしと経済 重要度

消費者が商品を買おうとする量と，生産者が商品を売ろうとする量を，それぞれ何という？

105

公民 暮らしと経済 重要度

市場で，需要量と供給量の関係で変化する価格を何という？

106

公民 暮らしと経済 重要度

一つ，または少数の企業が一方的に決める価格を何という？

107

公民 暮らしと経済 重要度

企業間の自由な競争を促進するために，1947年に制定された法律を何という？

108

公民 暮らしと経済 重要度

国や地方公共団体が決めたり認可したりする価格（料金）を何という？

109

鉄道やバスの運賃，水道料金などのこと。

公民 暮らしと経済 重要度

企業が株式や債券などを発行し，家計や企業から直接資金を調達することを何金融という？

110

公民 暮らしと経済 重要度

日本の中央銀行を何という？

111

お札に「○○銀行券」と記されている。

公民 暮らしと経済 重要度

日本銀行が通貨量を調整して，景気や物価の安定をはかる政策を何という？

112

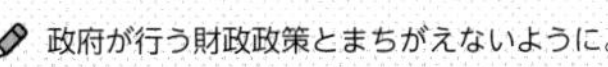

政府が行う財政政策とまちがえないように。

公民　暮らしと経済

独占禁止法

- 不当に高い商品の価格で，消費者が不利益をこうむることを防ぐ。
- 公正取引委員会が運用している。

公民　暮らしと経済

公共料金

- 国民の生活に関わりの深いものやサービスの価格(料金)。電気，ガス，鉄道やバス運賃など。
- 国会や政府，地方公共団体が決めたり認可したりする。

公民　暮らしと経済

直接金融

- 債券は，社債，国債，地方債など。
- 金融機関を仲立ちとして，間接的にお金をやり取りすることを間接金融という。

公民　暮らしと経済

日本銀行

- 発券銀行，政府の銀行，銀行の銀行としての役割をもつ。

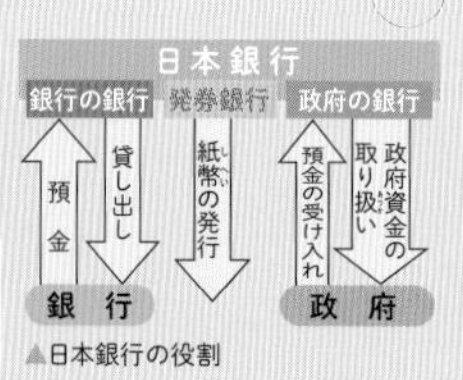

▲日本銀行の役割

公民　暮らしと経済

金融政策

- 日本銀行が一般の銀行との間で国債や手形などを売買することで，流通する通貨量を調整し，景気の安定をはかる公開市場操作が中心政策。

公民　暮らしと経済

終身雇用

- 年齢や勤続年数によって賃金が上がっていく年功序列賃金もかつて主流だった。
- 現在は仕事の成果や能力に応じて賃金が決まる成果主義や能力主義を導入する企業が増加。

公民　暮らしと経済

ワーク・ライフ・バランス

- ワーク・ライフ・バランスの実現のため，育児・介護休業法の制定，ワーク・シェアリングやテレワークの実施を推進している。

公民　暮らしと経済

需要量・供給量

- 需要量が供給量を上回れば，価格は上がる。価格が上がれば需要量は減る。

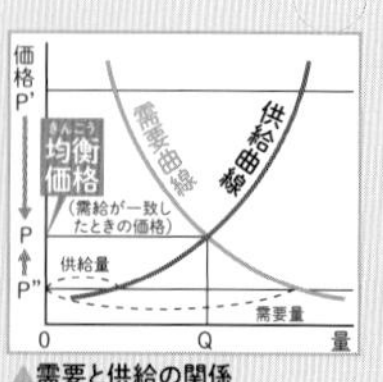

▲需要と供給の関係

公民　暮らしと経済

市場価格

- 需要量が供給量を上回れば，価格は上がる。
- 需要量が供給量を下回れば，価格は下がる。

公民　暮らしと経済

独占価格(寡占価格)

- 企業に有利な高い価格に決定されるため，消費者に不利益になることが多い。
- 独占禁止法が制定され，公正取引委員会が運用。

公民 暮らしと経済 重要度

外国通貨に対して，円の価値が上がることと，円の価値が下がることをそれぞれ何という？

113

円の価値が上がるとは，例えば1ドル100円が80円になること。

公民 暮らしと経済 重要度

政府（国や地方公共団体）が営む経済活動を何という？

114

公民 暮らしと経済 重要度

国（政府）や地方公共団体が使う1年間の財政の支出を何という？

115

公民 暮らしと経済 重要度

税を納める人と負担する人が同じ税を何という？

116

公民 暮らしと経済 重要度

直接税のうち，個人の所得に対してかけられる税を何という？

117

給与などにかけられる税だよ。

公民 暮らしと経済 重要度

税を納める人と負担する人が異なる税を何という？

118

公民 暮らしと経済 重要度

国の歳出のうち，国民の生活の保障のために使われる費用を何という？

119

公民 暮らしと経済 重要度

国の歳出のうち，国債の元金・利子を支払うための費用を何という？

120

公民 暮らしと経済 重要度

所得税などで，課税対象の金額が多くなるほど税率を高くするしくみを何という？

121

公民 暮らしと経済 重要度

資本主義経済の下で，好景気（好況）と不景気（不況）が交互に繰り返されることを何という？

122

公民　暮らしと経済

間接税

- 消費税が代表的。
- ほかに酒税，関税，揮発油税などがある。

	直接税	間接税
1980年度	71%	29
2000年度	61%	39
2019年度	58%	42%

（2020/2021年版「日本国勢図会」）
▲直接税と間接税の割合の推移

公民　暮らしと経済

円高・円安

- 円高…例えば1ドル100円が1ドル80円になること。
- 円安…例えば1ドル100円が1ドル120円になること。
- 円高は輸入に有利で，円安は輸出に有利になる。

公民　　暮らしと経済

社会保障関係費

- 社会保険費，生活保護費，社会福祉費など。
- 国の歳出の最も大きな割合を占める。

▲社会保障関係費の推移 (内閣府)

公民　暮らしと経済

財政

- 1年間の財政の収入を歳入，支出を歳出という。
- 財政には，社会資本・公共サービスの提供，所得の再分配，景気の調整などの役割がある。

公民　　暮らしと経済

国債費

- 近年，国の歳出に占める割合が増加し，財政を圧迫している。

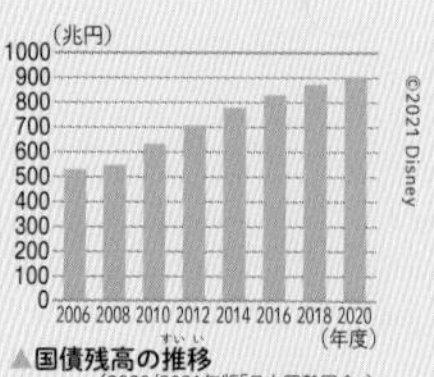

▲国債残高の推移
(2020/2021年版「日本国勢図会」)

公民　暮らしと経済

歳出

- 1年間の財政の収入は歳入。
- 国の歳出は，社会保障関係費や国債費，地方交付税交付金などが大きな割合を占める。

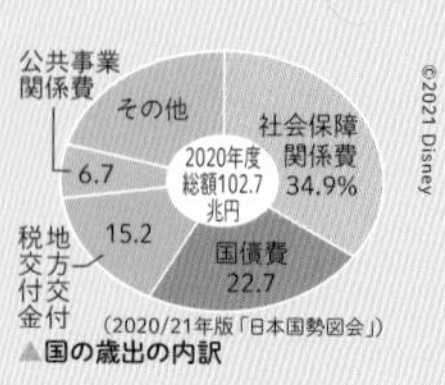

(2020/21年版「日本国勢図会」)
▲国の歳出の内訳

公民　　暮らしと経済

累進課税（制度）

- 低所得者の税負担を軽くし，高所得者の税負担を重くすることで，所得の格差を調整する。

公民　　暮らしと経済

直接税

- 所得税，法人税，相続税などがこれにあたる。

		直接税	間接税
国税		所得税 法人税 相続税　など	消費税，酒税，関税　など
地方税	都道府県	(都)道府県民税 事業税　など	地方消費税　など
	市(区)町村	市(区)町村民税 固定資産税 など	入湯税　など

▲租税の種類

公民　　暮らしと経済

景気変動（景気循環）

- 好景気（好況）…生産が拡大し雇用増，物価は上昇。
- 不景気（不況）…生産が縮小し失業者増，物価は下落。

公民　暮らしと経済

所得税

- 国税の代表的な税で，直接税。
- 会社などの法人の利益にかけられる税は法人税。

(2020/2021年版「日本国勢図会」)
▲国税の内訳

公民　暮らしと経済　重要度

いろいろな商品の価格をまとめて平均化したものを何という？

123

商品の1つ1つの値段は価格という。

公民　暮らしと経済　重要度

物価が継続的に上昇し，貨幣の価値が下がることを何という？

124

公民　暮らしと経済　重要度

物価が継続的に下落し，貨幣の価値が上がることを何という？

125

公民　暮らしと経済　重要度

政府が行う，景気の波を調整するための政策を何という？

126

日本銀行が行うのは金融政策。

公民　暮らしと経済　重要度

加入者が保険料を積み立てておき，病気・高齢などの場合に保険金の給付を受ける制度は？

127

公民　暮らしと経済　重要度

国が公費によって，生活の苦しい人々に必要な援助を行う制度は？

128

公民　暮らしと経済　重要度

母子家庭や高齢者・身体障がい者など，働くことが困難な人々を保護・援助する制度は？

129

公民　暮らしと経済　重要度

40歳以上の人が保険料を支払い，介護が必要になった人が，介護サービスなどを受ける制度は？

130

公民　暮らしと経済　重要度

企業の生産活動などで，人々の健康や生活環境が損なわれることを何という？

131

四大○○病が有名。

公民　暮らしと経済　重要度

地球環境問題も含め，環境政策全体に関する基本方針を示すために定められた法律は？

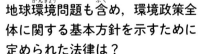

132

公民 | 暮らしと経済

公的扶助

- 生活保護法に基づいて必要な援助が行われる。
- 不況が長引くと，公的扶助を受ける人が増加。

生活扶助
住宅扶助
教育扶助
医療扶助
など

▲公的扶助の内容

公民  | 暮らしと経済

社会福祉

- 日本の社会保障制度の一つ。
- 児童福祉，障がい者福祉，高齢者福祉，母子福祉などがある。

公民  | 暮らしと経済

介護保険(制度)

- 少子高齢社会に対応するために，2000年から導入された社会保険の一つ。

公民  | 暮らしと経済

公害

- 大気汚染，水質汚濁，土壌汚染など。
- 公害対策として国は，公害対策基本法(1993年に環境基本法に発展)を制定し，環境庁(現環境省)を設置した。

公民  | 暮らしと経済

環境基本法

- 公害対策基本法を発展させる形で1993年に制定。
- 国連環境開発会議(地球サミット)での話し合いを受けて制定された。

公民 | 暮らしと経済

物価

- 物価は一般に物価指数で表す。
- 物価指数は，基準となる年(月)を100として，物価の変動がわかるようにしたもの。

公民 | 暮らしと経済

インフレーション(インフレ)

- 好景気のときに起こりやすい。
- 逆に物価が継続的に下がることをデフレーション(デフレ)という。

公民 | 暮らしと経済

デフレーション(デフレ)

- 企業の利益が減り，倒産や失業者が増える。
  →経済活動が停滞する。
- デフレーションの状態が繰り返し起こることをデフレ・スパイラルという。

公民 | 暮らしと経済

財政政策

- 景気が悪いときには，公共事業を増やしたり，減税をしたりして経済活動を活発化させる。

公民 | 暮らしと経済

社会保険

- 日本の社会保障制度の中心。
- 医療保険・年金保険・介護保険・雇用保険などがある。

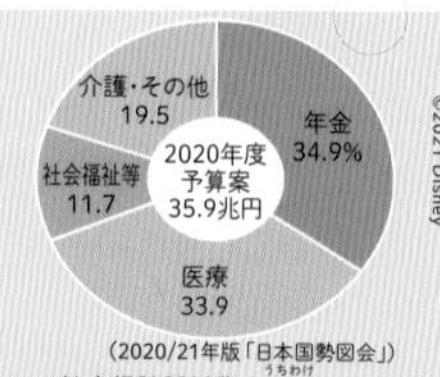

(2020/21年版「日本国勢図会」)

▲社会保障関係費の内訳

公民　暮らしと経済　重要度

環境(かんきょう)に負担をかけない社会を築き，再生資源を利用していこうとする社会を何という？

✎ ごみを再資源化して，循環(じゅんかん)させることから…。

133

公民　地球社会と私たち　重要度

世界に190余りある，主権をもつ独立した国家を何という？

✎ 国際社会を構成している国々のこと。

134

公民　地球社会と私たち　重要度

主権国家の領域(りょういき)を構成する三つの範囲(はんい)をそれぞれ何という？

✎ 陸，海，空の三つ。

135

公民　地球社会と私たち　重要度

1970年ごろから中国が領有権を主張している，沖縄県に属する島々を何という？

✎ 東シナ海にある島々だよ。

136

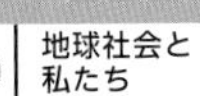

公民　地球社会と私たち　重要度

国際連合の全加盟国で構成される，国連の最高機関は？

137

公民　地球社会と私たち　重要度

世界の平和と安全の維持(いじ)に責任をもつ，国連の中心機関は？

✎ 常任理事国と非常任理事国で構成。

138

公民　地球社会と私たち　重要度

安全保障(ほしょう)理事会の常任理事国がもつ，1か国でも反対すれば決議できないという特権を何という？

139

公民　地球社会と私たち　重要度

国連が紛争(ふんそう)地域に平和維持(いじ)軍(PKF(ピーケーエフ))を派遣(はけん)するなどして，平和維持のために行う活動を何という？

140

公民　地球社会と私たち　重要度

感染症(かんせんしょう)などへの保健政策を行う国連の専門機関を何という？

✎ 世界保健機関の略称(りゃくしょう)。

141

公民　地球社会と私たち　重要度

アジア・太平洋(たいへいよう)地域の国・地域が参加する，貿易の自由化などを進めるための会議を何という？

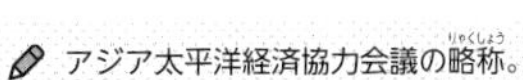

✎ アジア太平洋経済協力会議の略称(りゃくしょう)。

142

公民　地球社会と私たち

安全保障理事会(安保理)

- 常任理事国には拒否権がある。
- 常任理事国5か国と非常任理事国10か国の計15か国で構成。

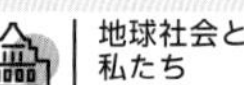

公民　地球社会と私たち

拒否権

- 大国の意見が一致しなければ問題を解決できない(五大国一致の原則)という考えから与えられた。

公民　地球社会と私たち

(国連)平和維持活動(PKO)

- 停戦の監視や選挙の監視などを行う。
- 日本の自衛隊も，国連の平和維持活動に参加している。

(朝日新聞社)

公民　地球社会と私たち

WHO(世界保健機関)

- 世界中の人々の健康増進を目的に設立。
- 国連の専門機関には，ほかにも国連食糧農業機関(FAO)や国際労働機関(ILO)などがある。

公民　地球社会と私たち

APEC(アジア太平洋経済協力会議)

- アジアや太平洋の21の国と地域が参加。
- 太平洋に面する国々の中には，環太平洋経済連携協定(TPP)に参加している国もある。

公民　暮らしと経済

循環型社会

- 2000年に循環型社会形成推進基本法を制定。
- リデュース，リユース，リサイクルの3Rの実践。

公民　地球社会と私たち

主権国家

- ここでいう主権は，国家が独立を保つための，他国から支配や干渉を受けない権利のこと。

公民　地球社会と私たち

領土・領海・領空

- 領土…主権がおよぶ陸地。
- 領海…海岸線から12海里の海。
- 領空…領土と領海の上空。

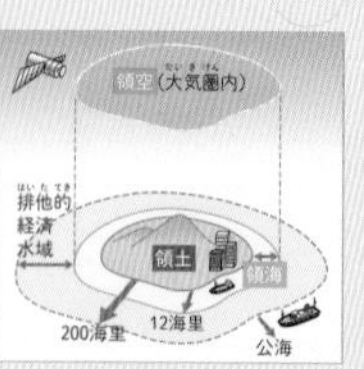

公民　地球社会と私たち

尖閣諸島

- 周辺海域に石油の埋蔵の可能性が指摘されて以降，中国が領有権を主張。
- 日本固有の領土で領土問題は存在しない。

公民　地球社会と私たち

総会

- 加盟国は平等に1国1票をもち，議決は多数決制が原則。
- 定期総会のほか，緊急特別総会など。

(AP／アフロ)

公民 地球社会と私たち 重要度

発展途上国と先進国との経済格差や，そこから発生するさまざまな問題を何という？

143

先進国は地球の北側に多い。

公民 地球社会と私たち 重要度

温室効果ガスの増加で，地球の気温が上昇する現象を何という？

144

公民 地球社会と私たち 重要度

地球温暖化防止京都会議で採択された，温室効果ガスの削減目標を定めた合意文書を何という？

145

公民 地球社会と私たち 重要度

2015年に国連で採択された，17の国際目標などを掲げた世界の開発目標を何という？

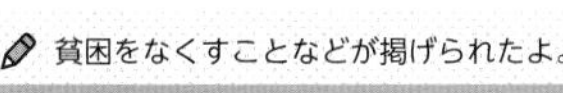

146

貧困をなくすことなどが掲げられたよ。

公民 地球社会と私たち 重要度

発展途上国で生産された製品を適正な価格で取り引きすることを何という？

147

公民 地球社会と私たち 重要度

非核保有国への核兵器の譲渡や製造援助の禁止を定めた条約を何という？

148

公民 地球社会と私たち 重要度

発展途上国に対して，先進国の政府が行う援助を何という？

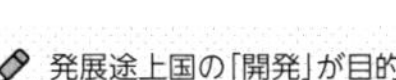

149

発展途上国の「開発」が目的。

公民 地球社会と私たち 重要度

政治的な目的の達成のために行う，暗殺や暴力などの非合法な殺傷行為を何という？

150

2001年にアメリカで起こった事件など。

公民 地球社会と私たち 重要度

国の安全保障に対して，一人ひとりに着目し，その生命，人権を守ろうとする考えを何という？

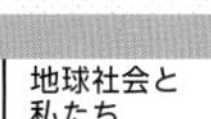

151

公民 地球社会と私たち 重要度

世界規模の諸問題を解決するため，国境を越えて援助活動をしている民間団体を何という？

152

アルファベット3文字で二つ答えよう。

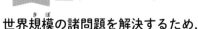

公民 地球社会と私たち

核拡散防止条約(NPT)

- 核兵器不拡散条約，核不拡散条約ともいう。
- 1968年，核兵器の保有国を増やさないことを目的に結ばれた条約。

公民 地球社会と私たち

南北問題

- 地球の北側に先進国(先進工業国)，南側に発展途上国が多いことからこう呼ばれる。
- 発展途上国の間での経済格差の問題は南南問題。

公民 地球社会と私たち

政府開発援助(ODA)

- 日本のODAは世界有数。
- 資金援助のほか，技術指導や教育などのため青年海外協力隊などを派遣。

(億ドル) 0 50 100 150 200 250 300 350
アメリカ
ドイツ
イギリス
フランス
日本
(2018年)
(2020/2021年版「日本国勢図会」)

▲ODA総額の上位国

公民 地球社会と私たち

地球温暖化

- 海抜の低い島国が水没のおそれ。
- ほかに酸性雨，オゾン層の破壊，砂漠化などの地球環境問題。

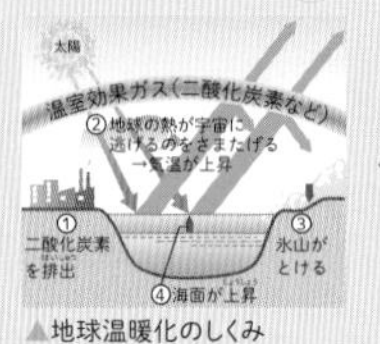

▲地球温暖化のしくみ

公民  地球社会と私たち

テロリズム(テロ)

- 2001年9月11日に起こった，アメリカ同時多発テロなどが代表的。
- その後アメリカはアフガニスタンを攻撃。また，2003年にはイラクのフセイン政権をたおした。

公民 地球社会と私たち

京都議定書

- アメリカの離脱や，先進国と発展途上国の利害が対立。
- 2015年に，先進国と発展途上国に温室効果ガスの削減目標を提出させるパリ協定が採択。2017年に離脱したアメリカが2021年に復帰。

公民  地球社会と私たち

人間の安全保障

- 国家の安全保障だけでは人々の安全と平和を確保できないとして生まれた考え。

公民 地球社会と私たち

持続可能な開発目標(SDGs)

- 質の高い教育の普及，気候変動への対策などの目標。

SUSTAINABLE DEVELOPMENT GOALS

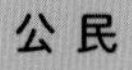  地球社会と私たち

非政府組織(NGO)・非営利組織(NPO)

- NGOの中には国連の会議にオブザーバーとして参加している組織もある。
- 募金，寄付金やボランティアに支えられている。

公民 地球社会と私たち

フェアトレード(公正貿易)

- 取り引きによって，発展途上国の人々の生活を支えることや自立を促すことが主な目的。